50+的自在活，健康老

李偉文的退休進行式2

李偉文 著

自序

祕傳一字神仙訣

有時候覺得真實人生比電影虛構情節還令人驚奇。二〇二〇年元月時，全世界大概沒人相信，兩個月後，人類社會彷彿被按下了暫停鍵，所有活動嘎然停止，至少一半以上的人口被限制在家不能隨意外出，而且這種封城、封國、禁止人際接觸的規定何時解除，更是無人能夠預測。

是的，我們已經活在一個不確定的時代，在這變化莫測的世界裡，自我防衛之道不是累積更多金錢、物質、想辦法讓自己更強悍。我覺得事實可能正好相反，老子說「柔弱勝剛強」，讓自己更有韌性應該更重要。韌性就是不管外在環境怎樣變化，我們永遠只關注並掌握自己可以做到的事，不虛耗心神焦慮那些無法改變的情境。

來勢洶洶的新冠病毒讓我們扎扎實實再溫習了一次「無常」這門必修課，提醒了已屆、將屆，以及必然會來到熟齡的所有人，不要認為自己還擁有很漫長的時間。「無常」隨侍在我們的左右，時時等著現身，我們應盡自己所能，做好準備。另一方面，我們也要面對並接受當下環境的限制，擁有某些東西很棒，但是沒有也能活得好；有親朋好友一起熱鬧很開心，一個人獨處同樣很愉快；這種「無入而不自得」的喜悅，就是韌性，也是五十歲以後活得自在健康的保證。

兩年前的《李偉文的退休進行式》從財務規劃、健康、幸福的來源及意義的追求這四個面向，討論如何準備與面對終將來到的退休生活，也讓我這兩年接到了非常多關於此議題的演講與座談邀約，和許多朋友進行了相關討論，如今你手上這本《李偉文的退休進行式2：50+的自在活，健康老》就是我的思考與心得。

有位聰明的哲學家提醒我們，不要聽理財專員或保險業務員的建議，而是要問他們自己如何投資，買了哪些保單？同樣道理，我們也不要輕信那些侃侃而談的所謂專家，不管是理財專家、婚姻專家，還是教養專家，永遠要看他們是不是照著自己所講的話去做。

多年來我要求自己，寫的東西一定是自己願意做，自己也正在努力做的事。或許從小是童子軍的緣故，有強烈濟弱扶傾的性格，總期待著自己盼望擁有的事物，任何人都有機會獲得，只要大家願意去做，都沒有門檻，不必非得多有錢、多有能力、多麼專業才做得到，這兩本有關退休的書也是秉持著如此的初衷。

允文允武的南宋詞人陸游曾寫下「祕傳一字神仙訣，說與君知只是玩！」等字句，原來我的座右銘「一生玩不夠」是他老人家眼中做神仙的祕訣呢。

我始終覺得，人要像鴨子划水，表面上看起來神態輕鬆自在，水面下划水的腳不偷懶。面對生活亦然。我們要很快樂自在地努力，不管幾歲都繼續學習，在人生舞台上不斷發光發熱。

目錄

PART 1 健康的心態

PART 2

健康的身體

PART 3

健康的生活

PART 1

健康的心態

退而不休的自在

前陣子參加一個座談會，在後台遇見主持人楊照。大作家劈頭就消遣我：「你很矛盾耶！出了本關於退休的書，但我看你現在的生活比誰都忙，怎麼能算退休呢？」

我哈哈大笑：「我主張的是不管幾歲都要為退休做準備，但永遠不能真正的退休，除非離開這個世界。只要活著，我們的人生任務就還沒完成。」

的確，時代在改變，我們必須提醒自己，不能像上一代一樣，退休後什麼事都不管，只享福。以前從退休到死亡很短，累積的資源用個三、五年沒問題，可是現今從退休到過世還有二十幾年，工作存下的錢可以再用二十幾年嗎？恐怕很難吧。

很顯然，我們必須讓自己「不真正完全退休」，轉換對社會的貢獻。活在這個時代，我們已經沒辦法在五、六十歲退休後，不再找工作，更不可能到五、六十歲才準備退休，「退休」必須「永遠進行中」，這是未來的趨勢。

就算完全不必顧慮退休後的生活開銷，已經存夠了老本，也要找到目標讓自己繼續努力與貢獻。一本專門探討退休生活的雜誌在創刊之初來採訪我，那時我很好奇他們老闆為什麼肯虧錢辦刊物，笑著問編輯：「難道他沒聽過『假如要害一個人就勸他去辦雜誌嗎？』」

哪知這隨口一問，聽到了個有趣的故事。

原來，刊物老闆曾經發行專門介紹某產品的專業雜誌，讀者單純是該產品的製造商與經銷商。如此小眾又冷門的市場，雜誌居然以八種語言發行遍及世界各國，加上替廠商辦展覽，多少賺了些錢。最後雜誌被德國企業買下，刊物老闆雖然還年輕，也就退休了。

退休後，他原本沒什麼計畫，到處旅行，享受人生。有次在社區遇到鄰居，彼此寒暄後，對方想和他交換名片，但他沒有名片給對方。想不到，對方竟將原本拿在手上的名片又放回了皮夾內，連區區一張名片也捨不得給一位「沒有身分」的人。

這個沒禮貌的舉動刺激了退休老闆，覺得自己還年輕，有體力、有經驗、有資源，的確應該繼續做點事。鑑於應該有不少人像自己一樣，從某個產業或工作退下來後，不知該如何安排生活，就創辦了一本退休雜誌。

他親自在雜誌扉頁寫下這一段話：

我們主張退休後，活出自己美好的安可人生。持續在前進的人生中，沉澱、蛻變、發光發熱、再創生命的炙熱溫度。

暢快退休生活，活力安可人生。

退休，標示著全新生活態度的開始，讓我們跨步走出去，認識新的事物、新的地方、新的人們，還有新的自己。

啟程吧！奇幻之旅，我們的安可人生。

確實啊，當我們來到能領老人年金或退休金的年齡，也就是再度披掛上職場的第二人生。安可人生最棒的是不必再看別人臉色，可以做自己真正想做的事，尋找自己的生命意義與價值。

就像我太太幾個月前從任滿三十年的公職退休，由於她的專業是醫療與保健相關的營養與飲食規劃，可謂正夯的時代需求，因此一退休就接到非常多邀約。太座大人倒是老神在在，符合三個標準才點頭答允：第一，這件事她要做得很開心；第二，由她來做，對方（或所有相關人員）也會很開心；第三，這件事對社會有益處，對未來也有重要性。在專業、志業及興趣的結合之下，太座大人過得自信又快樂，充分地享受退而不休的自在。

前清華大學校長劉炯朗同樣也是個相當好的典範，從教職退休之後主持廣播節目、出書、演講、創業，生活過得緊湊而多采多姿。

在這個既長壽又快速變化的時代，我們可以活出多重的人生。離開或從正職的工作退休，轉換成有薪水的兼職工作，或利用自己的專業與經驗擔任顧問性質的職務，或重拾荒廢多時的興趣，當然，更好的是從不間斷的社會參與中找到自身生命的真正職志，完成自己的生命意義與價值。

退而不休的安可人生，是長壽社會賜予每個人活出豐富美好人生的禮物。

忘掉年齡才能保持活躍

二千多年前孔老夫子就有先見之明：「發憤忘食，樂以忘憂，不知老之將至云爾。」形容他老人家專心於學問時獲得的快樂，不只讓他忘掉了憂愁，甚至忘了吃飯，也完全忘了自己的年紀。

心中有所寄託，或者說得更積極一點，只要心中有所追尋，就會讓人忘食、忘憂、忘老。追尋不一定來自於發憤讀書，對於已屆熟齡的人來說，在藝術創作的過程中與永恆的精神世界連結，或許更能達到「不知老之將至」的境界。

而「不知老之將至」這件事，對於一個人實質的健康與活力，非常重要。

研究調查發現，需要整天穿制服的行業，比同年齡但可以自由穿著的人，精神較好，也比較不會生病。這是因為必須穿統一的制服，就不用思考該選擇什麼衣服才能搭配自己現在的年齡與身分，因此不會意識到自己的年紀，在整個職業生涯中就能保持一致的活力，始終維持「無齡」狀態。

「不覺得自己老」這件事到底多重要呢？只要意識到自己的年紀，潛意識就會讓我們做出適合那個年齡的行為，生理上也會呈現符合那個年齡的表現，因此不光是在言語中不要說自己老，連衣著裝扮、接觸的環境，都不要讓自己意識到老，那麼不管年紀多大，都能持續保有活力。

你覺得怎麼可能，這未免太神奇了，其實近年已有非常多研究與實驗證明，心理認知確實會影響生理表現。

心理學發現，人很容易被周遭環境或接觸的事物影響，那些我們並沒有意識到的「暗示」會潛藏在大腦內，並從行為中表現出來，這叫做「意念動作效應」。

紐約大學心理系教授做過一個很出名的實驗。

首先把完全不知道老師要研究什麼主題的學生分成兩組，要求他們單純接受指示，從一個實驗室到另一個實驗室，完成不同的任務。其中有個實驗室要求學生從五個字中隨便挑出四個字來造句，其中一組給的字句是中性的名詞，比如火車、傘、魚、黃色、家……另一組則是與「老」相關的字，比如健忘、皺紋、失眠、重聽等。做完造句後，學生得依指示前往另一端的實驗室繼續進行不同的測驗，教授則偷偷測量學生走過去所花的時間。

結果發現，造句詞彙與「老」有關的那一組學生，走路速度比另一組慢得多，但過程中沒人發現教授給的字彙交集於「老」，事後請學生回憶實驗過程，他們也確認並沒有任何關於「老」的念頭進入心中。

這個實驗結果告訴我們，即便學生沒有意識到，但他們的潛意識已經接受了暗示，促發了「變老」的想法，該想法連結到行為的改變，使他們連走路也顯得「老態龍鍾」。

另一個三十多年來經常被引述的實驗則出自哈佛大學的心理學教授艾倫・蘭格（Ellen J. Langer）。雖然她自認研究方式不是很正統，結果又太出乎意料，當年並沒有投稿給正式的醫學期刊，但她的實驗真的是太經典了，啟發了其他學者設計許多類似的實驗，並獲得與其結論相同的結果——如何看待變老這件事，會影響我們的整體身心靈，並表現在行為與各種生理數據上。

時間回到一九八一年，蘭格找了一處沒什麼人車的偏僻鄉下，租了一間修道院並加以改裝，讓整棟建築彷彿搭乘時光機回到一九五九年，屋內該有書報的地方全都擺上當年的雜誌與暢銷書，復古的黑白電視播放當年的電視節目。總之，屋內所有物品與裝飾全都是當年的，像鏡子這類看得到自身容貌的物品則全數移走，該擺相片的地方，擺的全是受試者一九五九年前拍的照片。

蘭格邀請了八位七十多歲的男性做為實驗對象，並在進行完整的身體檢查與測驗後，請他們在這棟建築裡住一星期，讓這八位男性雖然身處一九八一年，生活空間與大腦接收的訊息卻回到二十多年前。

一個星期後，蘭格帶他們離開，重新進行之前做過的檢測。測驗結果令人訝異，老人家們所有的健康指標都大幅改善了，而且走路速度較快、關節炎比較不痛、握力變強、姿勢挺直不再彎腰駝背，從記憶、視力到聽力都有改善，認知測驗的分數也提高了。蘭格邀來做獨立觀察的專家同樣表示，單從外觀來說，受試者看起來比之前年輕。

事實上，不必做實驗，我們從日常生活中就能觀察到，即便同樣年紀，整天說自己老了的人，身體狀況似乎就是比自認還很年輕的人差。當然，我們不必刻意欺騙說自己還年輕、好勇逞強，但應從內在觀念、從正面看待老，不要歧視，甚至恐懼變老。

同樣地，整個社會應該調整看待高齡化社會的觀點，媒體不應該總是採取負面角度來威脅大眾。世界經濟論壇的報告就強調了長壽長者帶來的好處：「一個社會如果老年人口比例高，表示有大量經驗豐富的公民，將擁有『大量的優秀人員』這種我們祖先不曾擁有的資源。資深公民擁有豐富的知識、優秀的情商、務實的技能、利用創意解決問題的能力，他們為後代子孫著想，願意貢獻能力，以過去做不到的方式改善社會。」

的確，從個人到社會，面對壽命增加的生命之禮與整體社會的高齡化，我們有兩種選擇，一種是浪費這項資源，繼續採取歧視的角度，另一種是擁抱長壽帶來的好處，並努力打造適合每一個人變老的世界。

答案顯而易見，不是嗎？

名人的養生祕方

二〇一八年五月的馬來西亞大選中，前首相馬哈地（Tun Mahathir bin Mohamad）贏過現任首相納吉（Mohd Najib bin Abdul Razak），終結了國民陣線六十多年的執政，成為全世界年紀最大的國家領導人，是年他已九十三歲。

最令人驚奇的是，這不是一場可以「躺著選」的大選，連隨身採訪記者都受不了馬哈地的滿檔行程，一天內趕赴多個城市演講、開會，體力不輸年輕人，且頭腦清楚，思慮敏捷。

當然，人不是機器，使用了九十多年當然有耗損，比如說馬哈地有心臟病，常因心臟問題就診，又得過肺炎。但他重視養生，年輕時讀到的科學研究又說許多動物實驗都已證實，只要給予相對低的熱量食物，就可以增加壽命，於是除了不抽菸、不喝酒，沒有不良生活習慣，他最重要的養生方法就是對飲食相當節制，不管多好吃的東西都只吃一點點。此外，他從二十多歲開始工作至今六十多年，每天六點半起床，天天上班，即使十多年前卸任首相後，仍然天天進辦公室，維持固定作息。

另一方面，馬哈地維持運動習慣，包括走路、健身與騎腳踏車。他也持續閱讀與寫作，鍛鍊大腦。更重要的是，他的情緒維持正向樂觀，比如大選那天開票到凌晨三點，結果已差不多底定了，馬哈地一現身記者會現場就拿自己的年齡開玩笑，對滿場等待的群眾說：「是的，是的，我還活著！」這種不忌諱的態度，或許正是他維持活力的原因。

足以左右台灣股票指數的龍頭企業創辦人張忠謀同樣認真地把自己的健康當作企業般經營與管理。他的五大養生祕訣是：

第一，早睡早起，作息規律。這一點最重要，但也最難做到。

第二，不加班，不應酬。有道是人在江湖，身不由己，這點除非是專業人士或自己就是大老闆，不然也不容易。

第三，持續運動，飲食清淡，維持一魚一肉的簡單菜色，烹調少油低鹽。

第四，閱讀搭配音樂紓壓。媒體稱這是張氏獨門祕方，在一天的不同時段讀不同類型的資料與書籍，搭配不同的音樂。

第五，有系統有計畫的終生學習。我猜所謂的有系統，大概是指大腦必須費點勁的困難學習。近年科學研究證實，只有這種挑戰大腦的認真學習，才會產生較多的神經連結，又稱「認知儲備」，能為大腦存搯多添點資產，以備將來大腦神經退化（失智症）時，有多的餘裕可以應付。

這些道理講起來都不難，難在真正做到；真做得到，就會活出健康又令人羡慕的人生。

日本著名的日野原重明醫師活到了一百零五歲，年過百歲仍應邀前往世界各地演講，過世前幾周還在安排下一趟出國行程；台大外文系齊邦媛教授八十五歲獨自住進養生村，花了五年撰寫自傳《巨流河》；美國大導演伍迪・艾倫（Woody Allen）六十歲以後給自己的功課是每年拍一部電影，至今八十多歲仍創作不歇；二十世紀大建築師萊特（Frank Lloyd Wright）最重要的代表作都在六、七十歲後才完成；華人世界引領風騷數十年的愛情教母瓊瑤，如今高齡八十多歲，仍然持續寫出許多感人的作品。

前些世代的長壽名人，日本前首相岸信介的養生名訓是「不要跌倒，不要感冒，遠離人情世故」。著名的攝影大師郎靜山，在平均壽命才六十來歲的七〇年代，歷經跌落山谷的車禍仍大難不死，活到百多歲，名言是「別人的事我多順從，自己的事不勉強」。

這些名人最重要的典範是不會給自己的人生設限，認為七、八十歲就該坐在那裡養老，等別人來服侍，而是忘掉年齡，持續做自己辦得到的事，內心繼續燃燒著為世界貢獻智慧的熱情。這種熱情既能讓自己健康又快樂，生命也不會留下遺憾。

美好的生活不需要條件

最近幾年退休生活的議題正夯，不管是相關書籍、網路文章或講座，都不斷教導我們如何活出美好的第三人生。台灣高齡化的速度太快了，一大群離開職場後空下大把時間的人不知怎樣打發時間。

每次演講後，經常有聽眾私下或透過臉書私訊感謝我的建議與提醒，但也有人暗示自己的條件沒那麼好，只能羨慕我。

陸陸續續收到這類訊息後，我好奇地花了點時間上網搜尋，發現一談及退休，坊間大多是興高采烈訴說自己逍遙的樂活人生，不然就是建議搭郵輪看世界，參加旅行團認識新朋友，或者爬百岳、玩高空彈跳……完成人生的夢想清單。

這些現身說法的建議當然很好，但其實不少人沒那麼好運，也許是財務不允許，或是身體健康無法承受高強度活動，也可能是被各種無可奈何的原因綁住，沒辦法跑趴式參加各種聚會，與新朋舊友碰面。

那麼，這些人就得黯黯淡淡地度過自己的第三人生嗎？

享受美好生活的來源其實非常多，不一定要像在職場時，和別人競相比賽累積金錢與履歷般，拚出一份亮麗的清單才會快樂。我覺得事實上也許剛好相反，當我們不再追求別人羨慕的眼光，回歸自己內心的真實感受，才能獲得真正的喜悅。

我們常以為因為「人生只有一次」，必須不斷地冒險嘗試新事物才叫珍惜人生，然而事實上，這個所謂值得珍惜的人生，建立在無數的日常生活之上，日常才是真正的重點，每天吃飯，與人交談，我們所聽所見的事事物物，甚至每一個呼吸，若都能注意並好好重視，那就是珍惜人生，也會讓每天的生活變得很豐富。

我們可以細心撿拾年輕時為了工作或為了拚樂活清單而忽略的每一件小事，那些都是被我們遺落的幸福碎片。比如說，安安靜靜看著破曉時陽光的變化、黃昏時雲彩的顏色，一位坐在公園長椅上的長輩就曾分享他的快樂：「陽光照在臉上暖暖的，感覺真好！」

一天當中光影的移動、四季的更迭變化，只要我們願意，隨時隨地都可以感受世界的奇妙與豐富。尤其台灣多山、多溪流，城市裡也有很多公園或公共空間留有或大或小的花園，任何人都能輕鬆免費地接近大自然。常與自然生命相處，也能帶給我們真正的喜悅與安心。

長期在物質社會裡打拚的我們，往往忘了人類也是自然萬物的一分子，對於變老和肉體的衰敗惶恐不安。但若有機會常與自然共處，我們將了解到，個別的生命雖有生老病死，生命永遠不會消失。大自然除了生生不息的生命力，還有一種韻律，春夏秋冬，月圓月缺，花開花落，對其有所體會，能讓我們對於生命的終老感到安心。

除此之外，在台灣，不管是博物館或美術館都給予退休人士打折甚至免費的優惠，欣賞這些源於人類精神文明的藝術創作，同樣具有療癒效果，帶給我們好心情之外，還能讓我們從日常生活中進入另一個永恆的精神世界。

如果沒有餘力或興致常常出門參觀公共展覽空間的活動，在家裡閱讀也是很棒的精神享受。紙本閱讀和網路閱讀很不一樣，一打開書開始讀，我們很快就會忘了自己在「閱讀」。說起來很神奇，卻是千真萬確。

法國作家丹齊格（Charles Dantzig）傳神地描述：「全神貫注沉浸在書中，這種閱讀給人時間不復存在的感覺，我們甚至模模糊糊地生出某種永恆感，這就是為什麼從書中世界走出來的讀者們有種潛水夫的神情，目光朦朧，呼吸徐緩。他們需要些許時間以便重新回到現實世界。這就是為什麼那些偉大的讀者始終感覺自己青春年少的原因。他們的生命沒有被某種使用時間的方式所消耗。」說得真好，喜歡閱讀的人，即便活到百歲，仍然會青春永駐地辭別人世。

可惜的是，這種效果只發生在紙本閱讀，若是透過網路，你會時時刻刻「知道」自己正在閱讀，而不會讓自己消失在書本之中。上網還有個壞處，不時跳出的干擾訊息會把我們吸引到社群媒體裡，而不管是臉書或 Line，裡面都充斥著假借分享之名行炫耀之實的朋友動態，比較之下，往往讓自己情緒低落，愈來愈不快樂。

書本是回到內心世界最方便的管道。也幸好已屆退休的我們這個世代，是在沒網路、沒手機的世界中成長與工作，很能理解那種快樂，能夠同時享受線上與線下這兩種都能帶給我們美好生活的不同世界。

對比於其他娛樂消遣，書本的費用相較低廉，幾乎人人負擔得起，現在又有那麼多圖書館與超級友善方便的借閱方式。如果可能的話，建立一個屬於自己的圖書館更棒，到二手書店找回自己年輕時喜歡的書、曾經深深影響自己的書，買來擺在書架上。這些看過的書能讓我們重新回味自己經歷的每一個世界，畢竟紙本書最大的魅力就是形塑出一個空間，身處其中就像日本漫畫常提到的「結界」，是一個別人無法干擾的神聖心靈空間。

除此之外，蠟燭也是我們常常忽略的生活寶物。北歐各小國在歷年幸福評比中總是位居排行榜前幾名，他們一般民眾的生活並不如我們想像中的豪奢或像過動兒般到處參加活動、過著集點人生，而是擅長在日常生活中營造美好氛圍，其中最大功臣就是蠟燭。

關掉明晃晃的頂燈，鋪上一條美美的桌巾，點上蠟燭，再搭配輕柔的音樂，喜歡喝茶的泡茶，習慣喝咖啡的泡咖啡，在溫馨燭光包圍之下，享受不用花錢的美好生活吧。

積存時間，讓人生愈來愈美麗

自從有了孩子後，我和太太沒再去過電影院，隨著孩子漸漸長大，也習慣了在家裡用投影機權充家庭電影院看電影。得知日本紀錄片《積存時間的生活》在台灣上映，總算與太太重溫了幾十年前約會看電影的浪漫情懷。紀錄片播到一半時，黑暗中，太太握住了我的手，兩個人手牽手直到影片終了。

津端修一與津端英子這對老夫妻令人羨慕的幸福生活並不是用錢買的，而是花時間經營出來的。

津端修一是位九十歲的退休建築師，太太英子則是八十七歲的家庭主婦，紀錄片如實記錄了他倆在自家院子種菜的生活日常。就像津一說的，幾十年來，他們的生活只是每天以平凡的心情去做平凡的事情而已。但不知怎麼回事，老人家認真地做著一件件小事，兩人有一搭沒一搭的對話，整部片子看著看著，卻令人眼眶溼潤。

尤其是津一的一生，真是太令人羨慕了。津一是那種沒錢的「專業人士」，一輩子都依自己的理想與信念在工作，太太也支持他駕駛帆船這種有點昂貴的休閒活動。早早退休後，在母親贈送的土地上，他自己設計了一棟小小的房子，空出三百坪土地種各類蔬菜水果。最最令人嫉妒的是，九十歲的修一上午照例到菜園除草，工作後想小睡一下，並請太太煮碗湯給他喝，平靜地睡著後，就沒再醒來了。無病無痛、平靜自在地告別人生，簡直是太好命了。

兩個已八、九十歲高齡的老人家，生活一切事物都自己打理，小小的農地種了八十多種植物，一年四季隨時都有蔬果可以採收，並用各種醃漬或烹調手法做成美味的食物，分送給親朋好友。

看著英子耐心又仔細地處理不同水果的繁複製作流程，簡直就是位藝術家。她說：「要說麻煩的確是很麻煩，但生活就是繁瑣小事的日積月累，所以我一點也不介意這些麻煩。」

修一的勞動也不遑多讓。他認為真正的富裕是活動自己手腳的生活，因此像修剪樹木、修繕房子這類粗重活，即便到了九十歲還是自己做，享受著其中的費時耗工。除了農作、房屋維修、日常家務大小瑣事，修一還會主動找樂趣，比如依季節更換屋裡的擺設。而感受四季的變化，其實就是珍惜每一段時光，同樣是豐富生活的妙法。

我覺得這種事事親自動手做的習慣，不只讓修一與英子因為勞動而帶來了身體的健康，對於精神上的健康同樣很有幫助。現代人的生活太依賴科技了，任何欲望只要按個鍵或撥通電話就能滿足，雖然方便，卻完全不了解電子產品的運作過程或操作原理，再加上整個變化太快的時代所產生的不確定感，久而久之將形成精神上的無形壓力。

電影《美味關係》中有段令人印象深刻的台詞：「你知道我喜歡烹飪的原因是什麼嗎？因為當下班後一切都不明朗時，我一回到家，可以非常確定，把蛋黃、巧克力、糖和牛奶混在一起，就會變得黏稠。那是種安慰！」

難怪最近幾年好多朋友在忙碌的工作之餘，特地找時間學習一些和謀生完全無關的技藝，有的學木工，有的刻印章，有的學拼布，有人在住家陽台經營起小小的蔬菜園，有人甚至租了塊地種田。

這股「親自動手做」的風潮不見得是一窩蜂趕流行，或許是為了填補當代人因時代變遷、科技進步所造成的普遍不安。一旦我們可以看著每個步驟的發生，可以獨立創造完成一樣東西，整個過程無比明確，這種確定將讓我們特別安心，從而找到自身存在與世界之間的明確關係，並因為這種篤定而嘴角上揚，產生小小的幸福感。

紀錄片之所以名為《積存時間的生活》（也出了一本同名書籍），是來自於英子所說的，親自製作及使用於生活的器物，就是積存時間的意思。他們經濟雖然拮据，但必吃健康且質好的食物，也只用品質好又耐用的物品，他們會耐心地等待、存錢，直到買得起的那一天，這也是他們認為的積存時間的生活。

夫妻倆一致認為好東西會愈用愈好用，所以能夠代代相傳。生活中若有超過一百年歷史的東西在身邊且持續使用，將令人非常安心、自在。

抱怨與批評是修一與英子兩人的家居生活禁忌，心思只放在思考「眼前的未來」和快樂的事情，而且熱愛送禮，分享自己親手做的食物，親筆寫信做卡片寄給朋友，熱愛款待認識與不認識的朋友，在時間的積存中，慢慢形成美好的生活。

有了修一與英子的示範，讓我對年齡愈大愈能活出美麗的人生有了信心，並決定從現在開始，過著積存時間的生活。

練習寫自己的回憶錄

大部分人都以為寫回憶錄是曾在商場或政界叱吒風雲、或曾引領風騷的藝術家或發明家的專利，身為一介庸庸碌碌的平凡上班族，哪有什麼值得述說的歷史？

事實上，寫回憶錄應該是每個人走過青壯年後的必修學分，不是為了述說自己的豐功偉業，而是如同心理學家艾瑞克森（Erik Homburger Erikson）主張的，人最重要的課題是整合自己的生命，肯定自己的價值與意義。

寫回憶錄之所以具有精神療癒的作用，能和自己和解，是因為所有的經驗其實都沒有真正地過去，都潛藏在內心深處影響著我們。現在困住我們的，往往都是來自過往的心靈創傷，療癒的重點也不在追究誰害了我們，而是隔了一段時空距離後，重新審視種種生命經驗，賦予新意義。寫回憶錄其實就是講述自己的故事，能讓我們更加了解自己。

而且，過往有很多事情當年來不及體會，如今透過書寫回憶，就能將模糊的印象重新描繪一次，從中得到領悟，然後在當下還來得及時，擁有改善或實踐的力量。

當你鼓起勇氣，想試著寫自己的回憶錄時，可能會覺得工程太大，無從動手。其實不用怕，反正我們也不是為了寫出曠世鉅著，既不會出版，更不見得會被其他人看到，因此不必擔心寫得好不好。

以下幾則具體建議，提供參考。

首先是前期準備作業。每星期擇定一個晚上做生命回顧，可以選周五、周六或周日這種沒有邀約或活動的晚上。最初三、四個月，可先配合「斷捨離」的清理工程，將信件、日記、相片或各種紀念品，依年代整理。所謂年代，就是小學前、小學、國中、高中、大學……以三至五年為單位，將這些東西撿拾在一起。

接下來，依每個階段，問自己幾個固定問題。比如那時候住在哪裡？當時生活中主要的玩伴或朋友是誰？有沒有對哪位長輩或老師有特別的印象？該階段的哪些事件讓你特別煩惱或高興？那時候的興趣或娛樂是什麼？參加什麼社團或活動？

當然也可以列出瑣碎的事項一一回答，有時候能從細節中勾出背後一整段失落的回憶。比如問自己那個階段最喜歡哪些歌曲？最喜歡吃什麼東西？有沒有寵物？有沒有忘不了的氣味？特別有印象的聲響？喜歡穿的衣服？

一一回答具體事項後，就可以進入比較抽象的問題。比如有沒有曾經很想做卻因為某些因素被迫放棄的事？這段期間最挫折或最失望的事情是哪些？這段期間有沒有發生具有特殊意義的事，或是忘不了的回憶？

你可以先在一張紙上條列出這幾十道問題，依生命階段來回答，簡答題也好，問答題或申論題也罷，漸漸地，能寫的東西就會愈來愈多，並會想起更多在這些題目之外的重要回憶。

齊邦媛教授八十多歲住進養生村後開始撰寫回憶錄《巨流河》，她說自己六歲離開家鄉，八十年的漂流都在書中得到了安放。「活著慶賀自己活著，寫一些惦念的人與事，寫完書，做為我一生的根。」

我們不必像齊教授等到八十多歲才寫回憶錄，最好四、五十歲就著手整理自己的人生，更棒的是在回憶過程中找回曾經失落的心願，畢竟如今說不定已經有勇氣、有條件去實現了。重拾未竟的夢想能讓我們往後的日子活得興高采烈，覺得這趟生命之旅不虛此行。

也談斷捨離

我常在想，為什麼那些關於老後整理的書這幾年非常熱門，不同國家都推出了各式各樣教你如何透過整理物品同時整理人生的書。

其中最出名也最暢銷，還改編成電影的，是日本作家山下英子套用修行者概念的「斷捨離」，也就是斷絕不需要的東西，捨棄多餘的廢物，脫離對物品的執著。她甚至認為只要捨棄房間廢物，好的運氣就會降臨，還會遇上美好的邂逅，工作效率會提升，靈感泉湧，好事將源源不斷而來。

聽起來似乎很神奇，這種說法一定也有相當多人相信，不然不會成為暢銷書，風靡一時。

以前的人難道沒有「斷捨離」的需求嗎？我想當然有，但多半是概念上的，實際上並不是真的需要拋棄身邊堆積如山的物品，畢竟現今過度生產、過度消費的社會，也不過是近幾十年的光景，主角是正慢慢變老的嬰兒潮世代。累積了過往人類無從想像之多的物品之後，如何在還有體力、神智清醒時自行整理，免得增添後人的麻煩，於是成為時代顯學。

不需要馬上就肯定地說自己不是「囤積症」患者，很多東西可能擺在屋子很久了，我們根本已經視而不見，真要一一盤點清理，每個人都可以清出好幾大箱、甚至好幾車很久沒用的物品。

這些物品之所以還擺在家裡，起碼是還沒壞掉，或者我們認為將來總是用得到。明明心知肚明，過去二、三十年都沒用到，往後會用的機會恐怕也非常渺茫，真要扔掉卻還是捨不得、良心不安，畢竟都是自己買回來的。

因此，不要像大掃除一樣很快地打包回收，花點時間好好瞧瞧每一樣東西吧。它們都有自己的歷史，甚至自己的生命，好好品味和它一起度過的時光，再好好向它告別。

告別不見得是判處死刑，送它們進垃圾堆，而是幫它們找到適當的歸宿，轉送給需要的人或二手商店。要不要繼續留在身邊，判斷的標準不是「還能不能用」，而是自己「會不會再用到」。這樣子整理當然很耗時，可是我們原本就不該匆匆忙忙一股腦地把所有東西都處理掉。

此外，東西該不該留還有另一個判斷標準，那就是家中所有物品都該有屬於它們的位置，假如東想西想一番後，實在無法確定該把手上這件東西擺在哪裡，就代表根本不需要它。

清理物品時，以體積大小做為優先順序，也就是從大型物品開始，相片、信件或其他私人文件，體積小又乘載大量感情，應該擺在最後才清理。

記得，清理物品不是比賽，不是非得把家裡變得像個樣品屋，那些能夠帶給我們愉悅時光的東西，當然應該為它們保留一席之地。窗明几淨的屋子固然很好，如果沒有任何可值得回憶的紀念品，也著實冰冷得有點可怕。完全身無長物、太乾淨、太有秩序了，沒留下任何不實用的東西，其實同樣令人心驚，畢竟唯有太上才能忘情，其下不及於情，而情之所衷，正在我輩。身無任何雜物不只丟了人生的記憶，還會錯失與朋友的因緣以及別人對你的期待。

不過，這不包括親朋好友登門拜訪或生日節慶時送的禮物，因為大部分禮物就只是「禮物」，若沒有包含特殊情感或手作的溫度，我們用不上又不喜歡，就早早轉送或處理掉，不用擔心送的人，因為沒人記得自己在什麼時候送了什麼東西。更何況我們收下的是對方送禮的心意，禮物本身只是物品而已。換句話說，我們該感謝的是送禮的人，而不是禮物本身。

愈早清理自己的東西，愈能夠幫它們找到好歸宿，因為還有充裕的時間，在人際互動中看看誰可能用得到或喜歡它。比如朋友請你吃飯，或和年輕朋友見面，就不需要另外花錢買新東西，這些過往珍藏的紀念品也許就派得上用場。

歸納起來，人生追求的不外乎為生活找樂趣，以及尋找生命的意義與值得的回憶，而這兩項都可以在清理身邊的物品中獲得，斷捨離是一件令人開心與心動的任務！

當個善用第三人生的金領銀髮族

進入二十一世紀後，世界各國都陸續面對人類社會從未發生過的現象——高比率的高齡人口。這一大群在二次大戰前後出生的人大多受過完整教育，身體也相對健康有活力，更重要的是，他們在戰後經濟快速成長時期踏入職場，累積了不少資產。

據估計，這群號稱「金領銀髮族」的退休人口掌握了各國約五到八成的財富，如何讓擁有知識與經驗的他們，把資源與多出來的生命歲月善用在對的地方，成了這個時代的全新課題。

就像奇美企業創辦人許文龍所說：「賺錢是困難，可是花錢更困難！」除了預留自己的生活費和醫療費，以及不會讓孩子變得好吃懶做的遺產，剩下來的就是幫自己圓夢，完成自己生命的意義。

很多人會把錢捐作公益，諾貝爾和平獎得主尤努斯（Muhammad Yunus）卻認為：「慈善捐款只會拿走人的積極主動性。並不是說從事慈善不好，而是有更好的方法，那就是透過社會企業的模式。」

一般而言，企業的使命在賺錢，把企業賺的錢分給每一位出錢投資的股東可謂天經地義，也是企業之所以存在的目的。社會企業相反，成立之初就和出錢的投資股東說好，賺的錢不會回饋，而是用來從事公益慈善，是一種全新的商業創新。

社會企業和慈善團體不一樣。非營利組織是透過捐款做好事，社會企業是利用利潤做好事。社會企業和一般企業一樣要做生意、賣東西，也必須和市場上同樣的商品競爭，才能賺錢獲取利潤。換句話說，社會企業是讓民眾透過消費來幫助別人。

經營社會企業並不容易，光有愛心不夠，還必須有生意頭腦才能永續經營。在社會企業的發展過程中，需要有三種不同特質的領導人。第一階段最重要的是懷抱夢想的熱情；到了能夠存活下來、工作人員增加的第二階段，得有組織規劃的能力；等到因為無遠弗屆的網路威力，訂單愈來愈多的第三階段，需要的就是能夠壯大規模的企管高手。

這也是尤努斯特別關注之處。銀領族擁有豐富的經營管理經驗、足夠多的人脈，可以幫助社會企業解決問題，克服發展瓶頸。因此他建議，想解決哪種問題，就創立哪一種社會企業，如此一來還能為年輕人提供一個富有理想使命的工作，讓他們把創意貢獻給整個社會。

的確，縱觀這些年世界發展，尤其是挾帶大量資本的科技發展，雖然解決了很多問題，豐富了人類的生活，但也產生了許多更困難的問題，像是環境破壞、貧富差距、失業等，這類問題無法寄望於產生這些問題的結構來解決，社會企業或許正是那道希望之光。

就算我們沒有那麼多資源像尤努斯那樣創立一個又一個社會企業（他成立了好幾十個社會企業），還是可以利用不同平台、不同行動，和年輕人合作解決如今這個世代造成的社會問題。

比如說，有朋友成立了類似顧問團的組織，或當年輕人的創業導師，或主動參與年輕人的團體，或舉辦讀書會，甚至直接利用網路平台提供訊息，免費讓年輕人諮詢。就算沒有那麼大的雄心壯志，也可以當一個負責任的消費者，購買社會企業生產的東西，以行動具體支持。

愛爾蘭成人教育學家凱利（Edward Kelly）教授把退休後的生命歲月稱為第三人生（The third Act），使用了Act一字，而不是過去我們習慣講的第三歲月（Third Age）。Act有兩個意涵，一是行動，一是第幾幕戲的幕，強調沒有行動就不會發生的人生第三幕。

相對於生命的第一階段，從出生、讀書學習到出社會前，我們都必須依賴別人的照顧；工作或成家立業了，進入承擔責任的第二階段；等到從職場退休，孩子也長大離家，隨之進入第三階段，也就是能夠真正做自己、發展興趣、追求未竟夢想的階段，當然還包括了傳承與付出，生命價值的完成。

然而，這些美好的事物並不是只要我們活得夠久就會自己出現，必須主動地付出行動，才能達成。

對於過往的人類社會來說，第三人生前所未見，長壽既是時代賜予我們的禮物，也帶給了我們新思考：在每個必然會面臨的生命終點之前，為世界留下了什麼？

義大利作家卡爾維諾（Italo Calvino）或許給了我們一個很好的提醒。某次接受記者採訪時，他說了一句有點奇怪的話：「死亡就是我加上這個世界，再減去我。」

是的，當我們走到生命盡頭時，會用什麼標準評價自己這一生？如果我們離開世界時無法帶走任何東西，最重要的就是究竟留下了些什麼。是汙染與垃圾？還是溫暖與希望？全看我們如何善用第三人生。

練習一個人生活

隨手翻閱一本過期雜誌，看到一位著名社會評論家在文章中說「台灣的離婚率是世界第二高」，嚇了一跳。感覺周遭雖然有離婚的朋友，但好像不太多，不知道該統計是哪一年的或以哪個年齡層為對象。

然而，不管是離婚還是沒結婚，正如日本社會學者上野千鶴子在《一個人的老後》中所寫：「結婚也好，不結婚也好，無論是誰，最後都是一個人。」這本二〇〇七年出版的暢銷書賣破了百萬冊，也揭開了一個嶄新的社會現象：日本已經邁入一個有半數人口都處於沒有婚姻狀態的社會，「全員單身時代來臨」。

單身往往意味著獨自一人居住的可能性。在台灣，相關數字同樣年年攀升。依財政部納稅資料顯示，單身報稅人口早已過半數；依內政部住宅統計，二〇一九年一人一戶的數目已接近全住宅戶數的一半。事實上，全世界各大城市的單身獨居戶早在多年前就已高達六成以上。行政院國發會預估，十年後（二〇三〇年），全台灣六十五歲以上人口將有八成是獨居老人。

獨居當然不是老人的專利，放眼全世界，各年齡層一個人住的比例都迅速增加，完全吻合日本趨勢大師大前研一的觀察：「年輕人想要一個人生活，中年人愛上一個人生活，老年人無奈必須一個人生活。」

雖然不是每個人都喜歡或適合一個人過生活，自在快樂地獨居卻是絕對有方法的，只不過需要預作準備與練習，不能等到發生各種措手不及的意外後，被迫獨居，變成宅男廢女或獨居老人，那就慘了。

依國民健康局新近調查，台灣有六成的六十五歲以上長者幾乎足不出戶，一旦少了運動，又欠缺人際互動，失智失能的比例將大幅增加，也可能形成日本人所說的「無緣社會」，每年「孤獨死」人數高達四萬多人，亦即死後四天以上才被發現。

對於上班族或身強力壯的中壯年人士來說，獨居是很快樂的。一個人住很舒服，家裡怎麼布置擺設都可以，東西用完收不收無所謂，生活起居作息也隨自己高興，不用遷就別人，不必聽人在旁邊嘮嘮叨叨。再加上現代都會生活很適合獨居，想買什麼上網就行，食衣住行日常所需，在家中就能完全搞定，還有無數影音串流平台，付少少的訂閱費，精彩的高品質娛樂無限供應，怎麼追都追不完的各國電影與影集，只恨時間不夠窩在家中獨享。

然而，如此便利的數位消費時代，正是一個人住最大的陷阱！當你還在工作，勢必得出門面對許多人際關係時，或許還不會產生後遺症，一個人的時光反而是珍貴的獨處時間。退休初期身強力壯、行動自如，也還會出門旅行、見見老朋友。一旦行動不便或身體衰弱下來，網路的方便與線上娛樂，不知不覺就會把我們變成了國民健康局統計中足不出戶的族群。

正因如此，除了透過網路與遠地的老同學、家人或老友隨時保持聯絡，還要練習參加街坊鄰居及社區舉辦的活動。俗話說遠親不如近鄰，生活中若遇到緊急情況，熟識的街坊將提供莫大幫助，人的幸福感與生命意義往往也來自人與人之間的實際互動。如果體力尚可，最好參加一些社團，不管是興趣才藝類、社會公益類，或是宗教信仰類，都很好。時時提醒自己在年齡或體力還行時，維持與不同的團體互動。

一個人居住的練習，還可以從一個人的旅行，一個人看電影，一個人上餐廳吃飯開始，試看看能否自在地獨處，練習不受別人的眼光干擾，不讓「為什麼找不到人願意陪我」、「為什麼沒人在乎我」、「為什麼沒人愛我」等負面情緒侵蝕我們的精神與活力。為了日後勢必來到的一個人生活，一定要先練習一個人獨處時自我取悅的能力。

我向來是透過閱讀書本享受獨處的時光。閱讀和看電影或追劇不一樣，電影的先天設計就是吸引我們一直看下去，所謂「沉迷」，意思就是自我的喪失；閱讀則是主動的，能從書中觀照自己的內在心靈，並在停頓與思索中發現之前未見的自己。

練習一個人住，最重要的是無論如何都要維持正常的作息，這是身心靈健康非常重要的基礎。此外也要維持居住空間的清爽，除了基本的清潔衛生，物品應定期斷捨離，並透過整理，不斷檢視自己過去與現在的生活及人際關係。舒服的居家空間會振奮我們的精神，有動力回應內心的渴望及參與社會，整潔的環境也讓我們敢邀請朋友來家裡玩，而這種親密感正是人的幸福來源，再多的金錢也做不到。相反的，紊亂的生活空間只會讓我們逃入螢幕裡的虛擬世界，沉迷後就懶得做其他任何事情了。

除了事先練習一個人的生活，也應主動留意已經獨居的親戚或朋友，適時提供建議和協助。比如說，各縣市社會局目前已開辦緊急救援服務，免費為獨居老人的住家安裝通報機器與隨身攜帶的按鈕，可以二十四小時和服務中心聯絡，一旦發生意外，就能提供緊急支援或救護車，通知緊急聯絡人。

一個人生活絕對不等於寂寞與孤獨，但是我們一定要主動練習，妥當安排生活節奏，一方面保持社會連結，一方面不至於失去獨處的好處，如此一來，一個人的生活將成為你生命中一段最棒的時光。

創造獨處的神聖空間

作家董橋寫過一段引人深思的話：「世間人人都是收藏家，收藏家是孤獨的，而人的孤獨就是人的尊嚴。」

孤獨有來自物理上的，也就是身邊沒人、獨自一個人的處境；也有來自心理上的，不管身邊是否簇擁著人，只要沒有人了解你，同樣是孤獨。不管是哪一種，現今世界上孤獨的人很多，二〇一八年，英國首相任命了一個專門處理孤獨問題的大臣，因為單單英國就有九百萬人深陷於孤獨之中。

有學者認為孤獨分為兩種。痛苦的孤獨叫做孤單，快樂的孤獨叫做獨處，對任何人而言，兩者的確天差地遠。如何習慣孤獨，甚至能享受獨處，是當代每個人的課題，不只是從職場退下來的樂齡族。

就連歌手王力宏都寫過：「前一秒大家都在說我愛你，然後下一秒就是一個人，你連要找個人聊天都找不到。」即便是大受歡迎的明星，走下舞台，回到陌生城市的旅館裡，同樣處於全然的孤獨。

其實孤獨對一個人維持正常自我是件很重要的事，也是找回內在力量的方法，就像古人的感觸：「前不見古人，後不見來者，念天地之悠悠，獨愴然而涕下。」法國作家蒙田也說：「我們務必要為自己保留一個完全獨立的空間，全然自在而且不受任何干擾，在那裡建立起真正的自由，與最重要的僻靜與孤獨。」

或許正如日本動漫中常出現的「結界」，也像人類學說的「神聖的空間」，在這個特定的時空裡，我們可以停下腳步，仔細回憶生命中每個特殊時刻，而且我很肯定在這個隔離的空間裡不能有手機，也不能有快速閃動的影音訊息。

自從有了智慧型手機，時時刻刻都能與全世界連在一起之後，我們就失去了面對自我的時間，也不再讓思緒漫無目的在腦海中游逛，因為只要有一絲絲空檔，我們都會立刻拿出手機滑一下。一旦不再習慣在內心裡和自己對話，換句話就是我們已不再敢面對自己，也失去了獨處的能力。

甚至，我們無法和人進行深度對談了。心理學家認為要能真正的理解，必須花上相當長的時間去傾聽，因為人們最先說出口的事情永遠不是實情。可是，時時刻刻跳出來的手機通知已經讓我們失去了專注的能力，更讓我們時時處於焦慮之中。不斷叮咚響的手機聲響已經制約了我們，使得每一次放下手機，就算只是短短一分鐘，都擔心著是否會錯過某一則訊息。

好幾份研究都顯示，人與人在談話時，只要有手機在場就會破壞談話品質。即便手機不是擺在眼前，而是放在遙遠的桌邊，只要在視線範圍之內，都會造成很大的影響，即使手機關成靜音，彼此也會產生隔閡，很難達成親密且深度的交心。研究者認為只要我們覺得被干擾或有被干擾的可能，就不會分享很私密的事。

想想也是，即便親如家人、伴侶，想和對方分享某些內心感受時，要是他一聲「對不起」然後起身接電話，等他再回來時，我們通常已意興闌珊，無心再分享自己的感覺了。

下次與朋友或家人相聚時，記得互相提醒，把手機關成靜音並收到包包裡吧！應該會享受到和以往不一樣的心靈互動。而且一旦少了手機的干擾，整個情緒會逐漸舒緩下來，時間似乎也慢了下來，不管是聊天、散步、看書、胡思亂想，都會有突然找到自己的感覺，找回那個被不斷湧現的訊息淹沒掉的自己。

想辦法給自己一個把手機故意遺忘在抽屜的心靈假期，不再有該處理的公事。一旦感覺到「手機安息日」的效果，我們或許就能生出決心，讓自己每星期都有一天關掉手機的日子。

最重要的人際關係在自己

人是群居的動物，除了必須在分工合作中得以生存，精神與心靈的意義和價值也在與人互動中得以彰顯。因此，人際關係往往成為決定我們幸福快樂的主因。

提到人際關係，我們通常會注意到親戚與家人、朋友與同事、客戶這三大領域，常常忽略了最重要的人際關係是與自己的關係。

如何接納自己，喜歡自己，擁有自信與自尊，若打算修習這些生命課題，第一步可以練習從獨處開始。

現今的生活形態中，想離開家人、朋友、周遭認識或不認識的人，找到一個獨處的時空與心情，並不是件容易的事，因此必須「刻意」練習。

能夠獨處，甚至喜歡獨處的人，退休後會比較快樂。英國小說家波伊斯

（John Cowper Powys）說：「我們愈老便會愈孤單，這表示喜歡孤單的人，老後快樂會增加。一個老人如果能在陽光下自得其樂，那他將可與一片在陽光下自得其樂的大理石發生無言的應合。」

作家簡媜也提醒：「若一個人一生重心僅是工作與家庭，從未建構自我主體，從未學會獨處（這一點要用紅筆圈起來畫上三個星號，乃老年學測、指考必考題），當這兩根大柱移開，老年生活猶如汪洋孤舟，不知何去何從？空虛與寂寞，慢慢對一名老人銷骨蝕肉，終於墜入毫無生活品質與品味的老年黑淵。」

從積極面來說，獨處除了可以面對真實的自我，還能夠產生與自然融為一體、天人合一的感受。

自古以來，幾乎所有宗教或靈修團體都把獨處當作尋求來自上天啟示的必要手段，透過獨處，人類才能與超越的靈界交流。不管我們是否相信有這麼一個最高主宰，在大自然裡獨處，才有機會體會何為與自然萬物融為一體，那種人與眼前景色似乎已經不再有界線的神祕體驗就像是種祈禱，幾乎不可能發生在身旁有人吱吱喳喳講話時。

獨處似乎能讓我們所有的感官更加敏銳。自然作家梭羅（Henry David Thoreau）說得很有道理：「似乎有條法則規定，你沒辦法同時與人和自然產生深刻連結。讓你親近其中一者的特質，會讓你與另一者疏離。當心智清晰察覺到自然之美，便會立刻自人類社會中抽離。」

更棒的是，獨處能讓我們練習喪失已久的沉思習慣。讓思緒自在漫遊其實並不容易，因為違反了動物的天性。在自然界中，動物時時刻刻處在緊張狀態，為了存活下去，必須躲避敵人；為了覓食，必須不斷尋找可以吃的東西，因此注意力必須分散，無法安心地沉思。人類的演化因為工具、因為分工合作，超越了動物本能，所以能夠沉思，讓思緒漫遊在過去與未來之間，讓我們不再只存在於當下的時空。換句話說，我們不再需要像野生動物般，時刻警覺周遭的風吹草動。

然而，這一份透過沉思讓思緒漫遊的禮物，卻隨著無所不在的行動上網與叮咚不斷提醒有新訊息進來的干擾，讓我們又恢復成注意力不斷分散的所謂「多工作業」模式。

充斥在我們身邊的喧囂創造不出什麼新鮮事，只是不斷加速再加速、複製已嫌太多的現有事物。哲學家尼采（Friedrich Wilhelm Nietzsche）說：「由於缺少從容寧靜，我們的文明走向一個新的野蠻狀態。這種叫做心神不寧的過度忙碌，受到前所未有的重視。所以人類要修正現有的生活，同時強化沉思冥想的機會。」

也有學者針對為什麼現代人忙個不停的問題進行分析，認為是因為我們喪失了信仰，內心深處不相信有來世或永恆生命的存在，因此更讓人類的生命顯得特別短暫、脆弱；再加上時代變化太快，我們已經不相信有什麼事物能夠持續不變。

在這種不確定之下，缺乏存在感而引發的焦慮不安、神經質，使得人們變得過度活動，甚至病態的、有些歇斯底里的，以盲動與積聚來回應己身這個極為短暫而易逝的生命。

理解這樣的背景後，才能體會哲學家說的，「人從來沒有比看似什麼都不做的時候來得活躍，也從來不會比一個人獨處時更不孤單。」以及「人需要獨自一人進行生命沉思的活動，沉思的生活才能使人類處在應有的存在狀態。」

該如何練習獨處呢？

一天下來，如果真的找不到不被干擾的獨處時刻，至少應該做得到在晚上上床睡覺前給自己十分鐘、十五分鐘。靜下來後，如果不想靜坐數息，最古老的習慣寫日記也很棒。

這種日記和我們在社群軟體每日發文的作用完全不同。睡前日記最好用真正的紙張與真正的筆，目的就是寫給自己一個人看，和自己對話。生命中的確需要保留一塊完全私密的空間給自己、只專屬於自己，而用筆書寫是很神奇的，當我們用真正的筆一筆一劃，有點緩慢地用適合思考的速度書寫時，可以呼喚出我們所不知道的自己、潛藏在表層思緒底下的自我。

要是不知從何寫起，可先試著參考很多專家建議的條列法，也就是寫出今天你感恩的幾件事或幾個人。有專家認為寫出今天的好事將形塑我們的正面思維，為人生帶來好運。也有專家主張將思緒集中在以下兩個問題「今天我從自己和別人身上學到什麼？」以及「我可以做些什麼，讓明天比今天更好？」也有人建議每天用日記寫下夢想、目標和成就，因為如果你的人生值得活，就值得記錄。

當然，也可以不那麼「勵志」，每天晚上寫下當時的感觸即可，不管是悲傷是喜悅，是生氣是感動，都可以。

把以上諸多具體建議抄在日記本的扉頁上，一下子不知道該寫什麼時，就能當作參考。

每天給自己一小段獨處時間之外，如果能夠的話，更進一步，每個月給自己一個比較長的獨處時間。不需要躲入深山，也許只是一個沒有活動的周末，也許就在自己房內，關掉電腦與手機，再找本精彩的小說，思緒就能漫遊在不同的時空中。

看小說和追劇不同，我知道很多朋友會利用假日一整天花十來個小時看完一整部連續劇或一整季影集，但在觀看影像時，我們的思緒是被帶著走的，一個畫面跟著一個畫面，無法停頓下來慢慢想，也不太容易立刻與自己的過往生命經驗互相印證。閱讀紙本小說則完全不同，可以根據自己的理解與思考的速度前行，並在腦海中重構文字所描繪的場景，也很容易隨時停駐下來。因此有人形容書本既是一扇窗，也是一面鏡子，從窗戶往外看可以認識不同的世界，鏡子則能映照自身，從閱讀中認識自己。

閱讀創造出了讓我們專心「想像」的場域，不管是想像自己還是想像他人，想像過去還是想像未來。「哈利波特」系列的作者J．K羅琳曾說：「人類是地球上唯一不需要親身經歷便能設身想像他人心思和處境的生物。而啟動我們內心這股魔法想像與豐沛能量的泉源，正是一部部文學的傑作。」

不生氣的方法

我們身體的神經系統分為自主神經和自律神經。自主神經又稱為運動神經，可以透過意識去操作，比如說想把右手向前伸，自主神經就會指揮相關的骨頭和肌肉。自律神經則不需要透過意識控制就能自行運轉，比如心跳、排汗、呼吸等複雜的功能，都是身體內各器官之間互相調節而來。自律神經還分成交感神經和副交感神經，兩者互相搭配，發揮作用。

所有的生理功能中，呼吸是最特別的，既能由自律神經控制（比如我們在睡覺時仍能保持有節奏的呼吸），也可以由自主神經控制。換句話說，清醒時，我們可以主動決定呼吸的快慢節奏，也讓許多靈修或保健方法都強調透過控制呼吸，影響體內自律神經甚至大腦的運作。

許多身體不舒服的人長期徘徊在醫院各科之間卻找不出具體原因，醫生常無奈地臆測，或許是自律神經失調？

造成自律神經失調的主因，一是看不見的長期壓力，一是看得見的生氣。生氣時，自律神經裡的交感神經會隨之活絡，心跳和血壓同時上升，血管收縮，產生所謂的壓力反應。壓力反應是生物在面對強敵或危險時，給予「戰或逃」的爆發力，是一種面對生存競爭時相當關鍵的作用，但對生理功能的長期運作卻是有害的。

有些人很會發脾氣，似乎看什麼都不順眼，和別人說不到幾句話就會吵起來。這種人除了不快樂，對身體的傷害也很大。對此，專家提供的解方無非「多看別人的優點」或「先默數到十再開口」，但在實際情境下，這些方法其實很難做到。

日本的小林弘幸醫生提供了其他幾種具體做法。

首先，他建議在被怒氣控制情緒時，先喝一杯水，而且不能一口喝完，必須一點一點慢慢喝，邊喝邊在腦中想像身體慢慢被水浸潤的感覺。此一方法除了能讓交感神經鎮靜下來，也利用水刺激腸胃，讓副交感神經活躍起來，間接壓抑交感神經。

再者，小林醫生主張顏色能夠影響自律神經，生氣或焦慮不安時，眺望遠方翠綠的景色能讓心情平穩下來，因為綠色會讓得副交感神經比較活躍。最後也最有效的方法是深呼吸，是調節交感與副交感神經平衡最快也最明顯的方式。

也有人建議，煩躁得受不了時，或是被生氣、憂愁等負面情緒纏身時，照鏡子會有很好的身心分離效果，以旁觀者的心情，仔細看著鏡中的「他」。所謂旁觀者清，透過照鏡子幫助自己發現身陷情緒風暴，能夠覺察，才能跳出泥沼。

另一個訣竅是喃喃自語，不斷對自己說「不要怕」、「沒關係」，雖然聽起來有點白痴，但很奇怪的，這一招往往很有效果。

除了這些生理可操作的法子，主動「認知」也很有用，也就是「意識」到自己正在生氣，如果能夠自覺正在生氣，已能控制住一大半怒氣。再來，得知自己在生氣後，繼續觀察在對什麼人或什麼事發脾氣？為什麼要發脾氣？

一旦我們「有意識」地思考並理性且循序回答這幾個問題後，通常就能夠冷靜下來了，就可以問自己：「有必要繼續生氣嗎？」往往此時情緒也已平穩下來。

如果接下來可以更進一步大聲說出正面看法，在語言表達中增加肯定字眼，就能使負面情緒產生變化，也讓原本不好的記憶轉為正面記憶。說起來相當不可思議，但是說出口的話語真的是有魔力的，認知療法對於此種神奇現象的相關研究已經非常明確。

只要有人還記得你

國學大師錢穆曾說：「忘不了的人與事，才是真生命。」

在生活中，我們會遇見許多人，經歷許多事，也會參加許多活動，看過許多電影，然而，絕大多數交會很快就隨風而逝，了無痕跡，僅有某個時刻、某個畫面，就此烙印心底，永難忘懷。

我們腦海中有多少忘不了的人與事呢？除了那些用過心、流過淚、傾全力付出的事讓人印象深刻，那些曾經感動我們、改變我們生命選擇的故事，也是錢穆說的「真生命」源頭。

前幾年曾應世界宗教博物館之邀，為《可可夜總會》這部皮克斯動畫電影做映後導讀。影片放映到一半，坐第一排的我聽到此起彼落很明顯的啜泣聲。片子播畢，站在台前環視全場，發現一大半觀眾的眼睛都紅紅的。

我總覺得這些年上映的動畫片很多是拍給大人看的，雖然對孩子而言同樣深具吸引力，畢竟看熱鬧也是種享受，但動畫片裡的許多隱喻，懂門道的大人體會只會更深刻。

《可可夜總會》在二〇一七年十月下旬於墨西哥舉辦全球首映，也就是十一月一日和二日墨西哥亡靈節前，這部以墨西哥民間傳統信仰與節慶文化為背景的動畫，果然創下了墨西哥有史以來的票房紀錄，在世界各國的賣座也非常好。這部片子碰觸了每個人都關心的主題，親情、家庭、夢想，也談到了存在與死亡。

墨西哥的亡靈節與華人的清明節、日本的盂蘭盆節不同。墨西哥人一樣會搭建祭壇、擺上蠟燭、萬壽菊、逝者喜愛的食物，以及骷顱頭形的糖果，可是他們不是憑弔，而是歡迎死去的祖先回到人間與家人再度團聚，也讓亡靈節充滿了歡樂的音樂、熱情的舞蹈、繽紛的色彩。墨西哥人認為死亡是全新的開始，而不是生命的結束，只要還有人懷念，你就會在另一個世界活得好好的，因為真正的死亡是沒有一個人記得你。

這樣的說法並非墨西哥專有。自古以來，全世界大部分民族都有類似說法，以華人來說，傳統上無論如何一定要傳宗接代，好讓自己的名字記入祖譜、列入祠堂，方能確保「永遠存在」。

當然，除了名字被記住，華人還有所謂「立德、立功、立言」，希望以事蹟被後人傳誦，就像現代人不斷拍照上傳「刷存在感」，或透過歌曲、書籍、影像等各式各樣的形式與媒介，讓自己永遠留存。

《可可夜總會》的另一個命題──追求夢想值得放棄家人的祝福嗎？還是要為了親情放棄成功的機會？

每個人在一生中總會遇到這種兩難，尤其職場競爭如此劇烈，為了工作，有時真的很難顧及家庭，畢竟人一天就是二十四個小時，更沒辦法同時出現在公司和孩子的棒球比賽會場。

雖然電影有個圓滿結局，男孩最後總算願意為了親情放棄對音樂的夢想，家人最後也因為真相大白而接受了男孩的夢想，真實人生卻不太容易如此兩全其美，往往會在顧此失彼之間，留下遺憾。

不過，我倒也不是全然悲觀。首先，追求夢想的心情若是如此強烈與真誠，那麼在感動全世界之前，為何沒辦法獲得關心你、愛你的家人的祝福呢？

或許就如同電影裡一而再、再而三反覆出現的橋段——想從靈界回到真實世界，男孩必須從家人手上接過一個萬壽菊花瓣與祝福——不斷地明示著，只有得到家人的祝福，才能找到回家的路。

另一個可以讓徘徊在工作與家庭歧路的朋友參考的是，或許可以從前輩的經驗中，體察到什麼是最重要的，或者什麼是自己最在乎的？再真誠地依照內心的渴望而走。

我們要提醒自己，隨著成長，我們的價值觀或許會逐漸改變，當年以為重要得不得了的成就，現在回顧早已雲淡風輕，反而是一些當時認為微不足道的小事，會不斷糾纏著我們。

人間走一趟，真正屬於我們的，不就是我們腦海裡的回憶嗎？值得珍藏的回憶一定來自我們關心的人、關心的事，以及與那些愛我們、關心我們的人所留下的互動。是的，忘不了的人與事，才是真生命！

學習安慰朋友的方法

年齡漸長，面對生老病死的機會愈來愈多，當周遭朋友的家人離世，或前往醫院探視罹患重症的朋友時，常常不知道該怎麼開口安慰對方。

面對年輕人的病痛，的確可以樂觀勉勵「加油！」和「一定會好的！」但面對患病末期的親朋好友，彼此都心知肚明不可能再好起來時，到底該說什麼？面對飽受憂鬱症等精神困擾的朋友，似乎也不能安慰對方：「放輕鬆，一切都會過去的。」隨口敷衍了事說出的鼓勵話語不只於事無補，往往還會加深對方的痛苦。

專家告訴我們，對於身處痛苦中心的人來說，最重要的期待就是知道有人理解他的痛苦，生理上的痛苦或許可以靠現代醫療技術與藥物處理，心理上的痛苦卻沒辦法靠止痛藥的處方箋來緩解。因此懂得「傾聽」，便是能讓深陷痛苦的人不致絕望的力量。

面對痛苦中的親朋好友，首先要做的是陪伴。先不急著說什麼，而是靜靜地察覺對方發出的痛苦訊號。「察覺」不是用眼睛觀察，而是仔細聆聽對方輕描淡寫或指東打西的語言迷障背後的痛苦與恐懼。因為痛苦的人不願意隨便向別人袒露自己的苦，他們只想對能夠理解自己痛苦的人訴苦，因此首先重要的是和對方建立溫暖的信任關係。

不過，如何能夠理解別人的痛苦呢？

我們常說人應該有同理心，也常隨口說出「感同身受」，但這些真的只是表面上的官樣話語，人非身歷其境，真的能感同身受是非常困難的。即便再怎麼努力站在對方的立場思考，我們也沒辦法百分之百真正理解當事人的心情。

日本安寧病房的小澤竹俊醫師曾經表示，假如他對醫院的患者說：「你很痛苦吧。」而對方回答：「我是個已經快要死的人了，但醫師你還有漫長的人生，你根本不能理解我的痛苦。」他完全沒有辦法反駁。

苦思之下，小澤醫師建議安慰者應該轉換思考方式，改變主詞，既然「我」終究無法真正感同身受，那就改變主詞，將「我」變成那個「難過悲傷」的朋友，也就是讓對方將我當成能理解他的人，如此一來，只要想辦法努力讓「對方把我當成理解他的人」即可，不需要強求沒這種經驗的我們百分之百「理解對方」這種不可能的任務。

如此一來，接下來的問題就比較簡單了：「要怎麼做，對方才會認為我們是理解他的人呢？」

答案並不是和對方聊開心的話題，也不是安慰他、鼓勵他，更不是為他詳細分析病況，企圖提供一個較樂觀的復原希望，以上對解除痛苦毫無幫助，唯一有效的方法是，仔細傾聽對方的痛苦與悲傷。

真正的傾聽不只是單純的聆聽，而是透過聆聽察覺對方的痛苦訊號，認同他的痛苦，讓他能安心傾訴自身的悲傷、痛苦、憤怒、怨恨等種種受困又絕望的心情。

小澤醫師特別提醒，醫療人員與照顧者通常不會傾聽，他們太過於想了解病患，總是透過觀察來了解，而且一旦掌握了足夠的病情資料，就會認定自己知道病人狀況，反而不再真正傾聽患者的心聲。

小澤醫生從經驗中發展出了幾個傾聽的技巧與步驟。

第一步是察覺對方的痛苦訊號，將對方發出的訊號轉化成語言，再把這些言語回傳給對方。這個步驟和只是單純地重複或像鸚鵡般完全模仿對方的話，有一點點不同，也就是必須從對方的言語之中發現重要關鍵，然後用自己的言語回覆。

第二步是沉默，也就是在對方聽了你的「訊號回覆」、但還沒開口講話之前，保持靜默，安靜等待。

最後是提問，這是為了使對方的想法更明確，也希望能讓對方發現他自己深埋心底的真正情緒。

小澤醫生特別提到，這種以「如實回饋」為主的傾聽方法看來簡單，要做到卻非常困難。首先，人都會想針對對方的話，做出有自己想法的不同回答，而不是把對方的意思換個方式回饋；再者，萬一對方的意思與自己的意見或價值觀完全相反，我們真的很難「附和」對方。

當然，傾聽並不是要放棄自己的世界觀，勉強自己認同對方的意見，而是即便對方的意識形態和自己南轅北轍，我們還是可以察覺對方的痛苦訊號，比如說轉換成「讓你感到痛苦的是這個吧」這類回應。不是勉強自己認同，而是理解。

總之，面對深陷痛苦的人，我們真正能做的事並不多，大概只能陪伴在他身邊，讓自己成為對方能夠訴苦的對象，讓自己成為對方絕望中的一點光明。

每個妻子都需要六個丈夫

很多人把婚姻關係視為一場超級馬拉松，所謂成功的婚姻就是從結婚當天起跑，相伴至人生終點。

以馬拉松來比喻夫妻一輩子的生活其實不太貼切，真正理想的關係應該像是兩人一組參加十項全能競賽，在不同階段運用不同的技巧與策略，以順利克服路途上不同的考驗，而不只是像跑馬拉松，單憑堅忍的毅力跑到終點就算達成使命。

《每個妻子都該有的6任丈夫》提出了以下觀點：假如妻子在人生不同階段需要不同特質的丈夫，那對先生來講，也盼望在不同場合會有不同表現的太太。

為什麼需要六個丈夫？作者認為婚姻可分為六個階段，相識承諾、成家新婚、寶寶來臨、家庭羈絆、空巢期和黃金歲月。

其中最常出狀況的是第五階段的「空巢期」，因為前幾個階段，夫妻很容易找到共同目標，一方面應付工作，發展事業，一方面養兒育女，為具體事物耗盡心神，無暇他顧。一旦孩子成年離家，工作事業也告一段落，四顧一瞧，不免惶恐——辛苦了這麼多年，我的人生只剩下這個人？

原本的生活重心一夕不見後，人會開始思考生命的意義，也會對身旁的人有不同的要求，會自問「與對方共度後半輩子是否值得？」如果覺得對方無法滿足自己對未來生活的期待，兩人漸行漸遠，甚至離婚，都很常見。這也是隨著壽命愈來愈長，人生裡多了個漫長的新階段，全世界熟齡離婚的比率愈來愈高的原因。

面對這種人類社會的新現象，人人都必須學習建立新的夫妻相處之道。

通常都認為婚姻失敗是其中有人變了。但是我們必須學會並接受人一定會變的，人怎麼可能不變呢？一個身心健康的人本來就該隨著生命經驗與體會的歷程而改變。事實上，身陷不幸婚姻的怨偶，並非因為改變而失敗，而是因為不變而失敗。記住，所謂成熟、成長，就是和昨天之前的自己不一樣，也就是願意改變自己。

真正的改變必須來自於內心的主動，而不是迫於壓力或威脅才勉強改變，因此有自知之明與願意反省是改變的前提，再來就是適應與找到解決之道的能力。這和生命中其他階段的學習歷程一樣，首先要有意願（態度問題），再來是找到方法（技巧與能力問題）。

要是夫妻沒有意識到雙方的關係必須不斷調整，必須不斷改變自己以符合不同階段需要的特質時，在前幾個階段所累積的摩擦，將在進入空巢期後一併爆發出來。因此進入空巢期後，與伴侶重新建立關係，絕對比為其他事物忙東忙西重要許多。

建議回到兩人關係的最源頭，回到當年從芸芸眾生中辨識出那獨特而唯一的他（她）的心情，然後再度努力尋求彼此的認同，重新建立起專屬於兩人的共同世界。這種意願與行動，才是婚姻幸福的關鍵。

千萬不要天真地以為在結婚典禮上接受眾人最誠摯的祝福後，公主與王子從此就過著幸福快樂的日子。婚姻有待祝福，正因為它是一場冒險，沒人知道擺在前面的是康莊大道還是荊棘遍地；婚姻有待祝福，不因為它的美妙，而在於它的艱苦。婚姻最讓人誤解的地方就是，它只是旅程的開始，戀愛中的情侶卻誤以為它是努力的完成。

若沒有調整好心態，從戀愛時期的甜美與享樂回歸現實面，大概很難適應婚後的責任與繁瑣的家務。也是許多人消遣婚姻的原因。比如有人說：「結婚和葬禮沒兩樣，只不過一個是埋葬自由，一個是埋葬生命。」

消遣女生的說，結婚前的女人像隻小綿羊，溫柔愛撒嬌；結婚後的女人像隻貓咪，神祕多變，沒事還會抓你一把；生了小孩的女人像隻老虎，有事沒事就吼丈夫和孩子。

消遣男生的，講得最寫實的是英國作家柯瑞里（Marie Corelli）：「我一直沒結婚，因為沒有必要。我家養了三隻寵物，功能和丈夫一樣，我有隻每天早上要咆哮的狗，有隻整天下午罵髒話的鸚鵡，還有隻半夜才回家的貓。」

婚後男女雙方呈現的都是彼此的全貌，甚至是最不堪的那一面。畢竟我們總是打扮得光鮮亮麗、精神抖擻出門，回家後邋遢萎靡的樣子只有自己的先生或太太看得到。精神困頓、情緒也不好，再加上煩人的家務雜事，慢慢的，彼此心中美好的樣貌就改變了。

張愛玲形容得非常貼切：「也許每一個男子全都有過這樣的兩個女人，至少兩個。娶了紅玫瑰，久而久之，紅玫瑰變成牆上的一抹蚊子血，白的還是『床前明月光』；娶了白玫瑰，白的便是衣服上沾的一粒飯黏子，紅的卻還是心口上的一顆硃砂痣。」

男生呢，也有這段比喻：「每個女人心中也有兩棵樹，一棵青松，一棵碧柳。嫁了青松，日子長了，青松也就成了家具上掉下的木屑，碧柳還是春風裡的柔情；嫁了碧柳，過到最後，柔情萬縷也只不過如抽油煙機上滴下的油水，青松依然頂天立地。」

不管戀愛時多麼心曠神怡、如何美好浪漫，婚後還是必須倒垃圾、洗碗、賺錢付貸款。有道是要修得神仙眷侶，就要做得柴米夫妻。

除此之外，夫妻幸福之道，千言萬語都可以歸納為兩大原則：第一是努力使自己被對方欣賞，第二是努力欣賞對方。其中的「努力」兩字要加粗並用紅筆畫圈。努力真的真的很重要，絕對不能因為有了那張結婚證書，彼此是自己人，又不容易跑掉，忘掉了要努力裝扮自己讓另一半欣賞，也要時時稱讚另一半。努力讓雙方看得見，感受得到！

這三十多年來，《屋頂上的提琴手》這部電影我反覆看了許多次，其中有一幕印象非常深刻。劇中的女兒為了拒絕父母安排的婚事，想嫁給窮小子，男主角為了說服太太，問正忙於煮飯的太太：「妳愛我嗎？」

太太聽了以後大為驚訝，回答「我不是已經和你在一起二十五年了嗎？」、「我為了你養大三個女兒」、「我做三餐給你吃」……她每答一句，男主角就問同樣一句「妳愛我嗎？」

是的，我們對另一半的愛意除了落實在為這個家庭的努力，也要明確地讓對方知道。婚姻不只是獲得或擁有那個戒指或那份證書，而是必須在往後的人生裡透過不斷地選擇，時時分享，時時展現對彼此的感受。

我想，或許每個處於婚姻生活中的男男女女，每天起床或睡前都該複誦一次這段箴言，就像戒嚴時代每次升旗典禮都得複誦〈國民生活須知〉或當兵放假前要背誦軍人守則一樣——

愛是恆久忍耐，又有恩慈，愛是不嫉妒，愛是不自誇，不張狂，不做害羞的事，不求自己的益處，不輕易發怒，不計算別人的惡，不喜歡不義，只喜歡真理，凡事包容，凡事相信，凡事盼望，凡事忍耐；愛是永不止息。

為什麼要常常提醒自己凡事包容，凡事忍耐？

正如作家隱地寫的那首小詩「捆著你綁著我／婚姻是套餐／奉送茶與咖啡」，婚姻與戀愛最大的不同在於，婚姻生活是有責任的，有更多的義務，同時也會帶來更深層的安全感與幸福感，因此值得我們付出代價去努力。

成為妻子六個不同階段的丈夫，講現實一點，還是值得的。英國哲學家培根（Francis Bacon）曾說：「在人生中，妻子是青年時代的情人，中年時代的伴侶，暮年時代的守護神。」可見得對男生來說，要好好珍惜太太，因為當我們老了，妻子可是丈夫的守護神啊！

我很喜歡的歌〈最浪漫的事〉，說的就是夫妻共同面對生活艱辛後的那種自在：「我能想到最浪漫的事，就是和你一起慢慢變老，收藏起點點滴滴的歡笑，留到以後和你慢慢聊。」

年輕時追求的財富或在意的美貌，歷經時間的淘洗，已經毫無重量。俄國大文豪杜斯陀也夫斯基（Fyodor Mikhailovich Dostoyevsky）曾問：「當我美麗時，人人愛我，可是當我變老變醜時，又有誰來愛我？」

答案是，當你醜的時候，自有你的妻子或丈夫愛你。

退休男人當自強

曾有人開玩笑說，一群大半輩子都一起釣魚或打牌的男生，恐怕連對方是否離婚或有沒有小孩都搞不清楚，但女生只要初次見面聊過天，就能把對方祖宗八代都打聽得清清楚楚。

雖然有些誇張，但也有幾分真實。正因男女之間有如此差異，男生退休後要面臨的失落與風險，就比女生高出許多。

出版《李偉文的退休進行式》後，在相關主題的應邀演講場合裡，放眼台下聽眾，八、九成以上都是女生，不免讓人嘆息又感慨：「男生到哪裡去了？男生比女生更需要為退休做準備啊！」

近年世界各國均有類似研究，結論也非常一致——熟齡喪偶或離異而沒有再婚會讓男生平均壽命短少七至十歲，對女生則沒有影響，壽命甚至更長。

調查結果並不難解釋。在家居生活中，女生往往處於照顧者的位置，幫先生打理飲食起居，因此比較注重健康，女生還有很多工作以外的手帕交，又樂於參與社區活動、各種熟齡學習課程，因此擁有足夠的精神寄託。

相對而言，男生退休以後，失去了工作上既有的人際關係，又很難在熟齡階段才透過社會參與建立新的長期關係，往往就宅在家裡不出門了，即便出門也只是去圖書館看報紙。不信的話，找個平常日隨便踏進台灣任何一間圖書館，裡面那些閒閒翻報紙和雜誌打發時間的熟齡朋友中，十個有九個半是男生。此外，不管是大清早或晚上在社區公園跳舞做操的人，十個也有九個是女生，難怪女生的壽命遠較男生長！

以台灣來說，預估再過七年，老年人口將占全部人口的五分之一，進入超高齡社會，那時台灣的女生將占六成，男生只占四成。再過二十多年，女生會超過三分之二，男生只剩三分之一。

如果以出生率來說，自然生產的男生機會略高於女生，但因為男性意外死亡率較高，所以男女數量在二十五歲左右將接近均等，並一直維持到五十歲。五十歲後，男性的死亡率又大於女生。

除了男生的健康習慣不如女生，其實以演化角度來說，上蒼同樣偏愛女生。所有的物種在面臨演化的競爭壓力時，若環境不利、資源有限，存活下來的絕大部分是母的，畢竟若要說種族存續，公的只要留個三％、五％就已綽綽有餘。

也就是說，某個特定區域（比如小島）原本可以養活兩萬隻生物，但因為環境變化、資源減少，只能養活五百隻時，最後存活下來的五百隻裡，將有四百多隻母的，雄性個體非常少。因為資源有限，若留下太多公的，對種族存續而言是浪費的，畢竟公的不會生育，母的卻能繼續繁衍，只要環境狀況一改善，存活的雌性個體就可以立刻生產，讓種族重新興旺起來。

人類同樣是物種，我們也能從歷史上看到類似的情況，比如說大規模的瘟疫或疫情過後，一定是女的存活率遠大於男的，甚至連一般的傳染病，比如說腸病毒或新型流感，男性重症或死亡率都高於女性。

女性不只是面對困境的存活率勝出，其實在各層面都比較強。而且不只人類，大部分生物的壽命也是雌性高於雄性，甚至一如我們知道的，比如蜘蛛或螳螂，雄性一交配完、授精任務一達成，往往同時成為配偶的食物。

既然上蒼比較偏愛雌性，身為男性更應善自珍重，勤加努力。即便基因好，飲食及生活習慣也好，退休後擁有活動自如、沒病沒痛的身體，但過得開不開心，關鍵在於是否擁有良好的人際關係，而在這方面，男生再度輸給了女生。男生退休後應該積極參與活動，找回老同學、老朋友之餘，也要結交新朋友，並修補和太太與小孩的親密感。

曾有旅行社針對即將退休的上班族進行了一份調查：「退休後最想做什麼事？」絕大多數人都寫「旅行」，再一步問：「最想和誰去旅行？」男生幾乎都回答「太太」，女生卻一面倒回答「朋友」。

親愛的男性同胞們，小心一退休就被老婆大人給拋棄了，男人當自強啊！

這幾年我只要碰到即將退休的老朋友，都會私下提醒他們，為了老後的生活，一定要對太太好一點，除了我們有很大的機率在遭遇身體病痛時，必須依賴她們照顧之外，女生的生活與社交能力遠遠勝過男生，很多男生少了職場的光環與祕書的打點，很快就變成生活低能兒，若沒有太太的幫忙，很可能寸步難行。

在我身邊，有些已覺悟的好友即便在商場上是叱吒風雲的梟雄，放了假和老婆一起出遊時，絕對變成小男人，對老婆百依百順。朋友間甚至彼此打趣說，我們都是拉著老婆衣角出門旅行的小男人。

就像某系列推理小說中的女偵探所說：「我們都知道做決定的是女人，可是我們必須讓男人以為決定權在他們手上，這是女人仁慈的表現。」這不只是女人的仁慈，而是女人的精明。奉勸全天下所有大男人開始放下身段，甚至是學著討好身邊的另一半，最理想的就是像我們一樣有拉著老婆衣角的決心與行動力，因為這是退休後最重要的生存之道。

更好的是，找到能夠持續貢獻社會的事情並投身其中，不然整天吃喝玩樂，為自己而活，久了還是會很空虛。電影《高年級實習生》的主角就是個已退休的副總經理，生活無虞，原本整天旅行吃喝，參加課程與活動，卻發現內心還是有個黑洞，因此想重新找工作，繼續上班。我猜那個內心的黑洞來自於缺乏較密切且持續的人際關係，也來自於被人需要、對社會付出的渴望。

男主角在電影中說：「音樂家不會退休，直到心中沒有音樂才會停止。我心中還有音樂，這點無庸置疑。退休是一個永無止境，嘗試發揮創造力的過程，我試過所有的事情，不過人生的黑洞只能靠自己填補，愈快愈好。」

是的，除非我們離開了這個世界，不然不只音樂家不會退休，人人都不該真的退休，我們只是不斷地轉換舞台，讓自己持續地在這個世界發光發熱。

PART 2

健康的身體

養生是為了活得好

年輕時主辦一個讀書會（或許稱為成長團體更適合），當時大家都是二、三十歲，認真工作之餘，碰面總互問：「哪裡有什麼好玩的？」彼此交換休閒娛樂的資訊。時光飛逝，將近三十年過去，大伙兒還是經常碰面，交流的訊息卻已變成了「哪裡有好醫生？」

養生這件事不必別人提醒，時候到了，就會逼得你面對。五十來歲時，雖然或早或晚已知道健康的重要，人人都說得一口好健康，真正身體力行健康生活的人卻不多。畢竟還沒真正退休，孩子尚未成家立業，加上要照顧年事已高的長輩，往往還是處於工作、家庭兩頭燒的狀況，沒有時間與精神落實那些早已知道的健康常識。

我相信很多人都像我一樣，知道健康的重要，也知道健康的常識，卻因為身體好像還沒出什麼問題，仍然照著舊有的生活習慣過日子。我自己直到前些年被太座逼著去做全身健康檢查，發現血壓、血糖與血脂都已超過標準值，才開始真正動起來，不過因為太忙又太懶，採取的算是「懶人」養生法。

我的生活很簡單，沒有有害健康的壞習慣，雖然睡眠時間不長，又沒主動運動，但是喜歡走路，日常步行數量還算夠，發現自己有三高後其實嚇了一跳。仔細一想，主因大概是我喜歡吃甜食吧。

雖然不會主動買含糖飲料，但是只要出門和朋友在一起，我是百無禁忌，什麼飲料都喝。即便不會主動購買甜點或零食，這些年因為演講多，中南部的邀請單位永遠充滿人情味地附贈當地土產，這些大多是甜的土產往往在高鐵上就被我吃掉一大半，剩下的也常常放不到第二天就完全進到了我的肚子裡。

台灣的甜點與飲料真的太好吃了，種類又多，再加上人一忙碌或精神疲憊，意志力被消磨殆盡時，很難克制甜點的誘惑。也難怪高血糖會成為台灣慢性病最嚴重的危險因子，遠比抽菸、喝酒、吃檳榔，或是空氣汙染和肥胖都來得危險。

我這幾年的養生行動第一步，就是有意識地「看見」糖的攝取。不是禁絕，而是減量或分次享用好吃的甜點，不要一次吃太多，造成瞬間高血糖。

養生行動第二步是肌力訓練。走過青壯年，若不刻意鍛鍊，我們的肌肉每一年都會照著一定的比率流失，即便身材看來沒變化，實質上卻可能變成「瘦瘦的胖子」，也就是肌肉少了、脂肪卻增加。更重要的是，肌肉能夠增加基礎代謝率，防止體重增加，也能防止骨質疏鬆。甚至有研究顯示，肌肉同樣會分泌荷爾蒙，既能預防失智，又兼具抗老效果。

肌肉量增加的好處這麼多，像我這種從不上健身房又捨不得花時間運動的人該怎麼辦？我的做法是深蹲與伏地挺身，這兩種鍛鍊肌力最有效的運動所花時間非常少，忙碌工作的空檔中隨時可做，甚至利用上洗手間的前後短短二分鐘，一天就能做好幾回。誇張一點的話，邊刷牙洗臉邊做，一天又可以再多幾回合。

近年研究發現，不必特別撥出長時間運動，只要利用零碎時間分段做，效果也一模一樣。

除了肌力運動，吃能夠增加肌肉的食物也很重要。研究發現，將一天需要的蛋白質平均分配到三餐中，幫助增肌的效果最好，因此我的養生行動第三步是早餐吃水煮蛋，中餐吃點肉，傍晚吃點堅果當點心。

醫療科技如此進步的時代裡，重視自身健康已不再是私事了。年輕時若不在乎，年紀大了病痛纏身，醫療科技將讓我們「死不掉」，不只自己痛苦，更不堪的是漫無止境的「延長死亡時間」，求生不得求死不能，造成家庭與整個社會的負擔。

養生不是為了讓自己活得久，而是要讓自己活得健康、活得好。走過青壯之後，不管有時間沒時間，最重要的就是從現在開始力行養生！

這樣過生活，不生病

二〇〇七年，一本《不生病的生活》在日本與台灣大大暢銷，作者新谷弘實是在美國與日本行醫的腸胃科醫生。醫生出版養生書不稀奇，特別的是新谷醫生有幾個其他醫生難以比擬的成就。

首先，他在一九六九年發明了一個裝置，完成了世上首例無需開腹的「內視鏡息肉切除術」，拓展了內視鏡外科的領域，此後許多腸胃道小型手術不再需要開腸剖肚，造福無數人。

出書當年，新谷醫師已在美國與日本做了三十萬例腸胃內視鏡檢查與九萬例息肉切除術，成為腸胃道權威。他推廣的「新谷飲食健康法」也讓數以萬計大腸內徑被癌細胞侵襲的患者恢復健康，癌細胞不再轉移或復發。他本人則從十九歲罹患流行性感冒後，四、五十年來沒生過病。

而新谷醫師的飲食健康法，比如多吃會讓腸道益生菌生長的食物，少吃肉，多吃新鮮且沒農藥的蔬果，養成好的生活作息與習慣等，如今大多已經成了常識。

比較特別的是，新谷醫師除了反對喝牛奶，也不建議喝優酪乳，也反對喝太多茶，包括含有兒茶素、屬於優良健康飲品的綠茶。因為他的臨床觀察顯示，每天大量喝茶的人會出現萎縮性胃炎，是胃癌的前驅症狀。

新谷醫生認為，雖然茶中的兒茶素是一種具有抗氧化作用的多酚，是好東西，但是數個兒茶素結合就會變成丹寧，丹寧是植物中澀味的成分，非常容易氧化，與空氣或熱水接觸很容易變成丹寧酸。丹寧酸會使蛋白質凝固，對胃黏膜產生不良影響，讓胃不健康，更別提市面上銷售的茶葉在栽種過程用了許多農藥，形成另一重危險。他建議不該用茶取代水，若真的喜歡喝茶，除了確保是無農藥栽培的茶葉，也要避免空腹飲用，以減輕對胃黏膜的負擔，一天更不要超過二、三杯。

另外，新谷醫生不主張多吃肉，原因是肉缺少食物纖維，又含有大量脂肪和膽固醇。據他的專業觀察，持續且大量吃肉會讓腸壁逐漸變硬、變厚，缺少食物纖維也會讓糞便量較少，為了排出少量的糞便，腸子必須過度蠕動，最後造成腸壁肌肉增厚，導致腸子變硬、變短，內腔變窄。腸子內部壓力增加會將腸道黏膜由內往外推，形成袋狀凸出物，稱為憩室。

一旦腸壁上出現憩室，糞便會進入這些袋狀的凹陷處，更難排出。這些累積無法順利排出的糞便容易滋生壞菌，產生毒素，使附近細胞容易發生變化，形成息肉，若息肉繼續成長，就有可能變成癌症。

新谷飲食健康法的重點是，植物性食物與動物性食物的比例為八十五%至九十%比十%到十五%，也就是肉只吃一點點。植物性食物中，穀類和豆類約占全部飲食的一半，蔬果約占四成，而且要挑選新鮮的，盡可能保持自然狀態，不要吃加工食品。

此外，新谷醫生還特別提出了「奇妙酵素」，也就是「原型酵素」對身體健康的影響。

酵素是所有生物在進行代謝作用時不可或缺的微量蛋白質，也是我們體內所有物質之合成、分解、運送、排出，包括產生能量或化解外來毒物等種種化學反應中，協助進行的蛋白質分子。由於不同器官與細胞間有很多不同的化學反應，而且每一種酵素只能作用在某個特定的化學反應，因此我們體內有好幾千種以上的不同酵素來配合人體的複雜運作，而這些酵素必須由活生生的生物在活生生的細胞內合成。

新谷醫師提出的假說是，人體雖有數千種酵素，但數量並不固定，而是先製造原型酵素（就是他說的奇妙酵素），再依照身體各器官的需要轉變成特定的酵素，使用在有需求的不同器官上。

這番推論來自於他的觀察，當人體在特定部位消耗大量特定酵素時，身體其他部位會出現必要的酵素量不足。一個最簡單的例子，大量飲酒後，肝臟必須使用大量分解酒精的酵素，這時胃腸用來消化與吸收的必要酵素就會不足。

他依照這番推論，衍生出以下建議：想過不生病的生活，要想辦法增加體內的原型酵素，同時不浪費酵素。抽菸、喝酒、暴飲暴食、食品添加物、不良的飲食內容、毒素，以及壓力大的生活環境、紫外線、放射線……都會大量消耗酵素，因此良好的生活習慣非常重要。

針對飲食行為與習慣，新谷醫師主張，每口飲食咀嚼三十到五十次，節省原型酵素的使用量。人類腸壁能順利吸收的最大粒子是十五微米，大於十五微米由於無法吸收會被排出體外，若不充分咀嚼，吃進肚子裡的食物可能只有一小部分會被身體吸收利用。更麻煩的是，吸收不完全的東西會腐敗，促使腸內壞菌產生毒素，身體必須消耗大量酵素進行解毒，再將之排出。

另一方面，也要多吃能夠幫助產生原型酵素的食物，比如攝取原本就富含酵素的食物，改善腸道環境，幫助體內的益生菌製造我們需要的酵素。

由於只有活生生的細胞（包括腸道益生菌）能製造酵素，因此那些號稱活菌酵母乳或內含豐富酵素的食物，身體都無法直接吸收利用。所有經嘴巴進入體內的東西，都會在胃內強酸與腸道消化液的消化過程中被分解成小分子的胜肽或胺基酸，然後才會被腸子吸收，進入人體，透過血液循環運送到各個器官。據臨床觀察，飲食中含有豐富酵素的人，體內會有較多各式酵素，推測是因為好的食物能夠促使益生菌產生更多酵素。

看完新谷醫生的書，我也做了以下改變：減少喝飲料，包括茶，多喝好的水，進食前與進食中不喝水，免得稀釋胃酸，造成消化酵素的額外消耗。另外，食物入口後多咀嚼幾下，當然，還要選擇好的食物。

好好喝水保健康

大家都知道要多喝水，但是究竟該喝多少水，似乎連專家的說法也不太一樣。

事實上，除了喝下去的水，我們吃的食物和水果也含有大量水分，由於每個人的飲食習慣不同、體重不同、流汗多寡不同……個人差異太多、太大，實在很難說每個人該喝多少水才夠。最好的判斷方法是觀察尿液的顏色，正常應該是透明的淡黃色，若呈現深黃色，就是水喝得不夠。

藥學博士潘懷宗建議，最好的標準是測量自己每天的排尿量，最好能達到二千毫升。夏天由於溫度高，容易排汗，就算喝同樣的水，尿量也可能會不夠。如果排尿太少，一是容易產生草酸鈣結石，二是會讓有害物質在膀胱停留太久，增加膀胱癌的機率。

但是，水也不要一下子就喝太多。否則腎臟短時間內無法排泄大量的純水，血液裡積存太多的水會稀釋血鈉濃度，造成電解質不平衡，引起水中毒，是一種蠻危險的急症。總之，喝水不求快，一小口一小口喝，含一含再吞下，一方面可以充分滋潤口腔黏膜，另一方面也避免因為大口喝水而同時灌下的太多空氣，引起脹氣不舒服。

有人以為喝茶和喝咖啡能夠利尿，但根據實驗結果，喝茶與咖啡並不會讓我們額外排出水分，反倒是啤酒會，喝二百毫升啤酒會排出三百二十毫升的尿液。換言之，喝啤酒不能補充水分，反而是失去水分。

絕大部分專家都建議，早上一起床先喝杯溫開水（冷水加一點熱水，有的人建議再加一點點食鹽）有助於排便。有人睡覺前不敢喝水，擔心半夜起床尿尿會睡不安穩，但是若整晚身體都處於缺水狀態，血液變得濃稠，循環不佳，容易引起中風或心肌梗塞。建議睡前喝少量的水，比較安全。

隨著年齡愈大，身體的基礎代謝率降低，即便只吃同樣分量的食物，體重仍可能一直上升。有人因此建議飯前先喝一杯水，降低饑餓感，就可以減少進食量，只不過腸胃功能不好的人不能這樣做，會影響消化液的濃度。

也有人說，等到感覺口渴時，身體其實已經遭受缺水的影響了，因此最好的方法是隨時補充水分，但不要一次喝太多。

除了喝水的時間要對、數量要夠，也要喝好水。

很多人習慣喝包裝飲料，以為這樣也算喝水，其實是增加身體的負擔。尤其像可樂、汽水之類的碳酸飲料，由於含磷高，會妨礙鈣質的吸收並增加骨頭中的鈣質流失，更別提飲料中的糖、色素與防腐劑，同樣都會加重身體負擔。

即便喝礦泉水也不太安全。如今很多地表水與地下水都已遭受汙染，我們很難確知在裝罐、運送及儲存的過程中，管控是否優良。很多人以為包裝水會經過抽驗，安全應該無虞，但這類檢查以生菌數為主，農藥、殺蟲劑、除草劑、各種化學廢棄物的汙染等，並未含括在檢查範圍裡，環境荷爾蒙更是驗不出來。如此一來，誰能確定手中的瓶裝水沒問題呢？

更何況，包裝水既不環保又浪費資源，那些裝水的塑膠瓶子在製造、運送、儲存等每一個階段都必須耗費許多能源，還會產生許多化學汙染，卻在我們咕嚕一下子喝完瓶中物後，立刻變成一件待處理的垃圾。

不要再喝瓶裝水了，養成出門自己帶水的習慣吧。請專業公司來清理家中的自來水水塔與管線，也可為自家飲用水加裝淨水器，市面上的淨水器種類很多，各有各的科學原理，可以挑選適合的來用。

純淨的好水能幫身體排除廢棄物，若沒有注意選擇，反而會增加身體裡的毒素與地球的負擔，不可不慎！

學習認識益生菌

前幾年和一群老朋友出國旅遊，或許是旅途勞頓或水土不服，途中有人輕微地拉肚子，也有人便祕。同行的醫師朋友拿出益生菌保健產品分給大家，第二天開始，不管是拉肚子或便祕，都獲得了明顯改善，也讓大家對這種既傳統又時髦的保健之道多了些關注。

說傳統，我們小時候喝的養樂多、吃的健素糖，以及眾多打著活菌酵母乳之類的飲品，其實裡面就有益生菌；說時髦，因為近年國際上許多引人注目的研究，都是針對腸道細菌與寄生蟲的功能，包括在飽受過度殺菌困擾的都市化生活中新產生的自體免疫疾病，似乎都是來自腸道內細菌種類的不平衡。

面對愈來愈多、年齡層愈來愈下降的免疫性疾病，包括各式各樣的過敏，目前的醫療頂多壓抑症狀，沒辦法徹底根除體內的防衛細胞攻擊自身器官的免疫反應。近年新研究顯示，這似乎與人體內數量以兆計、種類以千計的各種細菌不平衡有關。

嗅覺敏銳的廠商看到這股龐大商機後，推出了許多所謂能夠增加腸道「好菌」的保健食品，強力宣傳「能夠增強免疫力」。

然而，我最近也看到了一些對益生菌提出質疑的報導。

若根據世界衛生組織的定義，益生菌是一種活的微生物，吃下足夠的數目，對於宿主的健康可以提供保護作用。但正因益生菌也是一種細菌，要想通過強烈的胃酸考驗，再加上各種消化酶，其實並不容易，就算能夠倖存並順利抵達小腸和大腸，與腸道內原本近百兆、重達兩、三公斤的菌群數目相比，恐怕也是微不足道，很難起作用。因此已有研究證明，口服益生菌的保健食品無法改變腸道菌群，換句話說就是沒辦法達到廣告宣稱的效果。

除了益生菌，也有一類保健食品是所謂「能讓腸道內益生菌繁殖的食物」，比如人體無法消化利用的纖維素，就是天然的益生菌食物。

目前比較熱門的益生菌菌種主要是乳桿菌和雙歧桿菌，但台灣還是有很多產品使用糞腸球菌與屎腸球菌這兩種已被世界衛生組織歸為不該使用的菌種，大概是因為培育這兩種菌株的價格非常便宜，廠商為了號稱產品內含上百億菌種數，所以就用這種安全有疑慮的細菌來充數吧！

益生菌用於食品加工的歷史非常悠久，比如優酪乳、乳酪、酸菜及各種發酵食品，安全當然沒有疑慮。但若脫離了天然食品範圍，改以「藥品」面貌出現，幾乎都是以藥品的價格販賣，卻是以營養補充品申請檢驗。也就是食品類的審核過關，在效果和安全方面基本上並未經過深入完整的研究。

雖然這類保健食品往往宣傳能夠調節免疫力，減少過敏，也有若干實驗顯示可幫助有家族過敏史的小孩降低異位性皮膚炎的罹患率，但同樣有很多研究結果否定其療效，有些研究甚至顯示會讓症狀更惡化。

攤開目前世上有公信力的學術機構或醫學單位的研究，而非拿廠商經費所做的研究來看，我們可以明確地說，沒有科學證據顯示益生菌在臨床上真的有效果。即便服用益生菌在理論上似乎對健康有幫助，很多人實際服用似乎也有效果，但是這種效果大概都不脫醫學研究的「安慰劑」範圍。

德國政府成立的商品檢測單位曾經公布大規模臨床試驗的結果，顯示益生菌能改善老年患者在服用抗生素後導致的腹瀉，卻也導致胰臟炎患者的死亡率增加。也有研究證明，服用益生菌卻導致敗血症或其他感染加重的情況，常發生在原本就營養不良，有傳染病、心血管疾病或癌症等身體虛弱的人們身上。換句話說，因為服用益生菌而期待增強免疫系統不但不可能，甚至會產生更多問題。

那麼，我又是如何看待益生菌這類保健食品呢？

我會以傳統的健康飲食為主，比如優酪乳或是平常就吃的發酵食物，不會特別購買賣得像藥一樣貴的保健食品。

我向來認為食品就是食品，把食品賣得像藥一樣就是錯的，不只價格不對，價值觀和態度也不正確。養生應該是從日常的食衣住行做起，而不是偷懶的期望服用仙丹，或以為請人幫忙按摩、整脊就能常保安康。

藥品或醫療行為應該是身體真的出了狀況，在醫生處方及監測之下服用或處置的行為，而非「有病治病，沒病強身」的江湖郎中式宣傳。

把省下的錢做點有意義的事，或用來實現自己的夢想，活化精神與心靈力量，或許才是增強免疫力又完全沒有副作用、真正有效率的良方！

雞蛋是最完美的保健食物

去朋友家看到餐廳櫃子上擺了幾個藥罐，隨口問了一下，朋友說是健康食品。繼續問是什麼成分、有什麼功效？朋友聳聳肩，說不出個所以然：「反正有病治病，沒病強身，吃了心安吧！」

算一算，一顆小小的膠囊狀「食品」要價六、七十元，不禁搖搖頭，忍不住消遣朋友，最完美的健康食物要價不到那顆小藥丸的十分之一，而且絕對對身體有幫助。這下果然引起朋友的好奇，我也慎重揭開謎底——雞蛋。

看到朋友一臉匪夷所思，我補充說明：「你想想看，一顆雞蛋，在沒有任何外加資源的情況下，可以孵出一整隻活生生的小雞。換句話說，一個生命所需要的物質，包括小雞的骨骼、血液、大腦、神經、肌肉與皮膚，所有組成身體的一切營養素，一顆雞蛋全部包括了，而且還是人體很容易吸收利用的元素

（相對於其他植物或食物，雖然號稱具有許多營養素，人體的吸收利用率卻不見得高）。」

以前一度盛傳，蛋黃裡有豐富的膽固醇，年紀大或身體膽固醇過高的人最好不要吃蛋，但這個至今仍有人深信的迷思，很多年前就被更正了。人體的膽固醇七十％以上由人體自行合成，和飲食沒有絕對關係，若擔心膽固醇造成心血管堵塞，並不是看血液裡的總膽固醇含量，而是區分低密度膽固醇（壞膽固醇）與高密度膽固醇（好膽固醇）兩者的比例。有研究顯示，適量的蛋對身體的膽固醇含量沒有影響，蛋黃裡還含有膽鹼，是人體移除多餘脂肪時的必備營養素。

雞蛋裡含有最完整的維生素、礦物質及必需胺基酸，更是營養學上用來衡量其他食物內含人體所需蛋白質的基準。也就是說，雞蛋是一百分的食物，並以雞蛋為標準，評斷其他食物是三十分或八十分。更棒的是，雞蛋除了擁有所有高價健康食品不及的完整營養，現代人最擔心的熱量也只有七十五大卡，比一根香蕉還少，而且是如此便宜。

最令我們困惑的就是，雞蛋為什麼可以這麼便宜？一瓶來源有問題的礦泉水（比水龍頭打開的水還不安全）的價格，可以讓我們買好幾顆雞蛋，為什麼？

或許是現代化大型養雞場的「大量生產」與極致「效率」所致，這些年偶爾會傳出某些養雞場的雞蛋含有戴奥辛，或是母雞打了抗生素、荷爾蒙或疫苗，讓人擔心會留存在雞蛋中。

如果有這樣的疑慮，可以選擇有機蛋，確保沒有受到任何汙染。價格也許比普通雞蛋貴兩倍或三倍，但即便一顆蛋要價十元或十五元，也比坊間標榜內含許多重要營養素的健康食品來得便宜許多！

另外，市面上雖然有賣所謂的「洗選蛋」，也就是已經洗過的蛋，假如不放心想再洗一次，記得要用淋灑的方式清洗，流動的水才能洗掉蛋殼上沾附的雞糞，若用浸泡法，恐怕會愈洗愈髒。

再講究一點，洗蛋的水溫比蛋溫（或室溫）高五度至十度，藉由熱漲冷縮的原理，便能將蛋殼毛細孔內的髒汙清洗乾淨。洗好蛋後，要將蛋殼表面的水分吹乾或擦乾，免得外界的細菌藉由蛋殼上的水分做為介質，「游」入雞蛋裡。這也是以前有人說雞蛋愈洗愈容易壞的原因。

多吃蔬果最健康

國民健康局這幾年做的國民健康調查發現，約九成台灣民眾一天吃的蔬果量未達建議標準量，鹽分攝取量則太多。

不管美國、英國還是歐洲其他國家的大樣本長期追蹤調查都一致認為，多吃蔬菜和水果對於壽命及各種健康指標都有非常顯著的好處。美國癌症中心就指出，超過三分之一的癌症和飲食有關，多吃蔬菜與水果，就是治療癌症最好的解藥。事實上以蔬果為主的飲食習慣不但可以預防癌症、增加免疫力，還能預防心血管疾病。

針對人體的代謝與老化機轉，目前最主流的看法是自由基理論。細胞在氧化過程中會產生不穩定的自由基，免疫系統在對抗外來病菌時也會製造自由基，若是這些活性很高的自由基過多，將對人體各組織造成傷害，因此需要維生素C、E這類所謂的抗氧化物來中和自由基，也是過去幾十年維生素變成家家戶戶基本保健產品的主因。

很奇怪的是，這些年又有好幾個大規模的長期研究指出，吃這類人工製造的抗氧化物並沒有好處，很可能適得其反，對健康反而有害。因此現在比較保守的看法是，不見得需要每天吃綜合維他命，除非醫生很確定你真的因為缺少某一種維他命而導致某種症狀或疾病，才需要補充個別的營養素。

以日常保健或抗老化來說，還是從食物裡直接取得比較保險，尤其是各種近年才受到廣泛研究的植化素。植化素主要存在於植物外皮，具有花花綠綠的顏色，是植物用來對抗陽光輻射傷害的神奇抗氧化物，也是目前建議每一餐最好都能包括多顏色蔬果的主因。

的確，自然界有上萬種植化素以及我們尚不了解的微量營養素，科學家已研究的不到一百種，我們雖然可以利用化學製藥技術合成幾十種營養素，但是身體的氧化代謝反應非常複雜，那幾十種就是真正的關鍵嗎？還是其他成千上萬種還沒研究的元素才是獨特且不可替代的呢？誰也不敢肯定。所以說，不要迷信人工製造的營養補充品，直接吃真正的食物、獲得全部的營養素，更安全又便宜。

不過，該怎麼吃蔬果？

首先是多樣化。雖然我們因為自身飲食偏好與採買慣性，不小心就會一直吃同樣的食物，但還是要常常提醒自己，蔬菜和水果的種類愈多愈好。台灣最棒的地方就是一年四季都有種類豐富，價錢又便宜的蔬菜和水果。

再來是烹調盡量單純。少油、少鹽、少糖是基本原則，不要油炸，多用清蒸、水煮、涼拌或生菜沙拉的方式，盡量保持食物原味。

醬瓜、醬菜、豆腐乳雖是素食，但含鹽量太高，應該盡量少吃。很多人喜歡喝湯，但據統計，湯料平均含有六十%的鹽分，能夠的話，也要少喝幾口。

影響我們健康的幾個主要因素中，只有飲食的選擇是我們百分之百可以掌控的，如果不好好把握這個機會，真的太可惜了。

精製糖是頭號健康殺手

大概是周邊朋友全到了一定年紀，每個人都愈來愈重視養生，也知道「藥補不如食補」的道理，懂得如果平日三餐吃得不對，吃再多健康補品也不過是白白製造昂貴的排泄物。而且能排掉還算好，若是效果存疑的補品累積在體內，往往造成更糟糕的結果。現今朋友相約聚餐已不再追求排隊名店或重口味的好吃爽店，而是尋找強調健康食材、口味清淡的餐廳。

今年農曆春節前，報紙的頭版整版報導了蔬果的農藥殘留排行榜，根據公布的資料，台灣在整年度各單位（農政單位或校園午餐的抽檢）共檢驗了八千多件蔬菜與五千多件水果，蔬菜整體的不合格率約五％、水果三％，和各國檢測結果差不多，但其中有幾樣蔬果的不合格率特別高，比如芹菜超過三分之一、豌豆四分之一、蘿蔔超過六分之一；水果方面，農藥殘留最高的是草莓，將近七分之一，柑橘則超過十分之一。

這些數據頗為嚇人，不過檢測時是未經清洗且帶皮帶殼的狀態，因此清洗乾淨應該就沒問題了。即便外食，擔心餐廳不像在家裡那樣洗得很乾淨，其實這些農藥殘留大多仍屬微量，只要不是長期且大量食用，對人體的影響相當有限。

或許因為太太是營養師，近年常有朋友問我們是不是都吃有機食物。我們並不是不吃有機，而是不會特別挑選、非有機不吃。若是方便，比如朋友自己種的，或到鄉下旅行時會順便買，畢竟有機栽種對生態環境較好，應該鼓勵。

若害怕農藥殘留，應該盡量購買農藥不會殘留或不用農藥的蔬果，比如地瓜、木瓜、茄子、芒果、玉米、鳳梨之類的。有位營養專家表示因為擔心荷爾蒙汙染，有三樣食材他一定選有機的，牛肉、牛奶和雞肉，不過在台灣，標榜有機蛋白質類食材的販售點似乎不多。

說實話，真正對人體有致命影響的，明明是餐前餐後人手一杯的飲料，姑且不談街上到處都是的又甜又濃珍珠奶茶，即便是鋁罐的可樂或汽水，含糖量都超過建議量。精緻糖攝取過量早已是現代人健康的最大殺手，遠比農藥殘留來得嚴重，甚至有學者建議應該把糖列為易成癮的毒品！

我們的口味早已被寵壞，真的買到了低糖、低油、低鹽的麵包甜點或食品，恐怕很難下嚥，更何況我們根本不清楚平常吃的食品中究竟含有多少糖或鹽或油，因為吃起來好像沒有鹹味或甜味啊？

有些人購買零嘴時會挑選少糖的，然而，包裝上若寫低糖，那一定就是多油或多鹽，反之亦然，低鹽的一定是多糖。更糟糕的是，那些好吃到一口接一口，除非整包吃完否則根本停不下來的零嘴，除了高糖、高鹽、多油，也含有色素與防腐劑，當然更少不了香料。雖然這些添加物都在每天的最大容許範圍內，但我們一整天下來又不是只吃這一包零嘴，再加上飲料、甜點……整個累加起來，當然就遠遠超過人體能夠排除消解的數量了。

除了好吃的包裝食品能少吃就盡量少吃，正餐的烹調方式也對健康有很大影響。以馬鈴薯來說，烤馬鈴薯算是健康的，高油炸的薯條就不太好了，高鹽又高油的馬鈴薯片更是不健康的垃圾食物。又比如橘子是健康的，去掉纖維的現打橘子汁就差了些，完全沒有放橘子，只是人工色素、人工香料及大量的糖泡製的橘子汽水當然是垃圾食物。

有人認為戒除那些重口味、好吃到會上癮的食品很困難。沒錯，就像吸毒，所有會上癮的事物要戒除都必須耗盡心力且不易成功，但這些會上癮的東西只要我們從不接觸，不讓它在生活中出現，也就不會對它們產生需求。

曾有研究發現，口味的改變或適應比我們想像中來得快。原本習慣吃大魚大肉重口味的人，不需要一天天慢慢減量，只要完全斷絕這些食物，不到半個月就能適應素食，不會渴望原本的食物（但在這段期間最好不要再看見或聞到），甚至一個月左右就能享受或品嘗清淡食物裡的細微層次與美味。

飲食就像生活中的其他習慣，是可以養成也可以改變的。醫療科技能讓我們活得久，但唯有良好的飲食習慣能幫助我們健康的長壽，絕對值得花一個月做出改變。

冬天還需要進補嗎？

周末假日與朋友碰面，大家討論要去哪裡用餐，有人建議：「這麼冷的日子，應該要進補一番！」很快獲得附議，大伙紛紛上網尋找附近有沒有知名的羊肉爐或薑母鴨餐廳。

冬令進補是華人流傳數千年的觀念，尤其農業時代，平常辛苦下田，省吃儉用，會在入冬後的農閒期，利用進補之名，補充高熱量、高蛋白的食物。這種在寒冬中抵禦冰凍氣溫的「進補」，確實有其意義。古人也認為冬天若沒有好好進補，新的一年抵抗力恐怕會不夠、容易生病，帶有「預防勝於治療」的意涵。

以前的民間習俗總認為，「野生的」比較補，冬令進補優先選用山中獵來的山羌、果子狸，甚至虎肉、熊肉，最不濟，「香肉」（狗肉）也行。以前服役時，一到冬天，營區附近的野狗全數不見，相信大多是被伙房阿兵哥「進補」光了。動物保護觀念興起後，現在大概已經沒有什麼人會用野味進補了。冬令進補的獸肉得用中藥烹煮，如當歸、人參、枸杞、黃耆、川芎、茯苓、紅棗、黑棗……除了中藥，通常還會加入酒來調味。

有人很喜歡吃冬令進補這類特定料理，我卻覺得在這個營養太過豐盛，甚至必須減肥、斷食的現代，冬令進補已經失去了時代意義。一方面，現在誰不是天天大魚大肉，根本不用進補；二方面，我們的生活形態早已是多坐少動，冬天尤其不太會特別去運動，若一次又一次進補，恐怕會因為吸收的熱量太高而胖了起來。

此外，這類進補食材多半是肉類及動物性脂肪，會導致血中的膽固醇過高。濃肉湯汁中的普林含量也很高，若再加上豬肝、豬心等內臟，血液裡的尿酸迅速增加之下，往往會引發令人痛不欲生的痛風。

除了痛風患者要非常小心冬令進補的食材，有心血管疾病的人原本就容易在冬天發生意外，因此這類油脂太多的進補也會增加危險。若是有消化道疾病的人，酒、油膩的濃湯同樣會刺激胃酸分泌，使得潰瘍更嚴重。若是肝臟、腎臟病患者，一下子吃太多蛋白質卻無法順利排出大量代謝物，也會造成嚴重的後果。

對於營養過剩的現代人來說，冬令進補破壞了飲食營養的均衡，冬天過度進補，反而造成開春後身體的負擔。過去我很喜歡中藥燉煮的味道，這些年已改吃養生鍋，也就是用同樣的中藥，但不加肉類，改用蔬菜取代。若真的要加肉，就吃魚肉，雞肉也去皮。再講究點，煮完會先放涼，去掉上面一層油後，再正式烹調。

隨著時代變遷，古人冬令進補的預防醫學概念，今日應該調整成做全身健康檢查，看看哪裡有紅字，趁著歲末回顧與檢討一番，並一併調整自己的飲食與生活習慣。

而且事實上，冬末初春與所有季節交替之際，飲食反而應該清淡，以增加身體的免疫力。

身體狀況不好時，不是立刻補什麼，最需要的反而是注意什麼不該吃。人體確實有自癒機制，前提是我們不要去干擾它。就像生病感冒不舒服時，往往吃不下任何東西，因為這時全身各器官與組織都在傾全力對抗外來的敵人，不希望因為進食而耗費寶貴的資源去消化與吸收食物。等到身體好轉，也就是免疫系統已經掌握優勢、控制大局後，我們才會恢復食欲。

學會傾聽身體，不要讓身體的訊號被大吃大喝的強烈刺激掩蓋了。

九成阿茲海默症可以預防

二次大戰後，由於抗生素的發明與廣泛使用控制了各種病菌與感染，各種醫療科技突飛猛進，人類的平均壽命不斷延長，百歲人生已不再是奢求的夢想。然而，高齡帶給我們的是享受多重人生的恩寵，抑或是纏綿病榻求死不得的天譴，也成為二十一世紀人類的新課題。

罹患長期慢性病與癌症的陰影下，最令人恐懼的疾病非失智症莫屬。前些年喜劇演員羅賓．威廉斯（Robin Williams）自殺時，有人說他得了憂鬱症，但後來他太太證實，他是發現自己罹患了路易氏體型失智症，飽受多種症狀與絕望纏身，最終在還有能力與意識時，選擇了自殺。

各種失智症中，最普遍的是阿茲海默症。罹患阿茲海默症，最初會失去短期記憶，一開始的症狀就像每個人都會發生的健忘，但後來會失去空間記憶，常常迷路，再經過一段時間後，疾病將進展成情緒不穩定與失控、語言障礙，甚至連洗澡、穿衣等生活基本活動也無法完成，最後連行走與吞嚥都有困難。

失智症的進展歷程或許很長、很緩慢，但最令人恐懼的，其實是你仍能察覺記憶一點一點消失的那個階段，清楚知道自己正慢慢不見，卻完全無能為力。更令人絕望的是，你知道某一天後，自己會變成全家人甚至社會的負擔，那種折磨，相當痛苦。

偏偏這種痛苦並不專屬於少數人。依目前的統計數字來看，六十五歲以上的人有十分之一會逐漸顯現出某種形式的失智症，隨著年齡愈大，得到失智症的機會愈高，活到八十五歲以上的人，有一半會得到失智症。對於如今這個只要活到五十歲以上，幾乎大部分人的預期壽命都會超過八十五歲的時代來說，失智症幾乎威脅著每一個健康走過青壯年的人。

近年有大量金錢投入了針對失智症治療藥物的研究，但在好幾百個研究團隊研發的數十種藥物中，只有一種藥物核准上市。實驗結果證實，該藥物可以暫時減輕某些阿茲海默症的症狀，但對於疾病的惡化進程不具遏止效果。簡單講，截至目前為止，雖已投入難以計數的資源，希望找到減緩或阻止阿茲海默症的藥物，仍舊是完全失敗的。

主因在於對這種複雜且慢性的腦部疾病，無法用細菌感染以藥殺菌這種治療思維來解決。大腦的認知功能一旦損壞到在生活中顯現出來時，數以十萬計的大腦神經早已死亡，大腦結構也已永久改變了，使用單一藥物阻止或恢復的機會極小，這也是失智症無法治療的原因。神經科醫師目前除了診斷與暫時的症狀改善，可說是束手無策。

不過，我最近看了由美國兩位傑出神經科醫師寫的《9成的阿茲海默症可以預防》，感覺出現了新希望。書裡寫的不是江湖郎中式的誇大，而是有科學實證的解決方案。

經過嚴謹的科學實驗與研究，兩位作者發現九十%的阿茲海默症可以預防，其他十%因為遺傳而風險較大的人，也可以將這種疾病向後推遲十到十五年，治療之道並非服用仙丹妙藥，而是操之在己。

阿茲海默症受五種主要的生活形態影響，分別是營養、運動、紓壓、恢復及優化，也就是五種不良習慣：營養不良、缺乏運動、長期壓力、睡眠不足，缺乏挑戰大腦的認知訓練。

作者特別提到，現代人的生活方式使得認知能力下降，比如高糖與高飽和脂肪的加工食品會毒害大腦；大多數人整天坐在桌前或低頭看螢幕，缺乏規律的運動；承受強大的壓力卻沒有適當的方法管理壓力；少有人長期擁有良好的睡眠；工作往往需要我們做重複性的活動，無法讓大腦擁有新的刺激與發展等。

雖然不論是在理論、研究，還是案例實證方面，都已證明生活形態的改變對於失智症的治療確實有效，大多數人還是希望能夠發明有效的藥物，臨床醫療也習慣把「失智症」當成一種疾病來對抗，並不積極要求病人改變生活形態。大家長期以來甚至都認為像大腦這種複雜的器官，不會受到生活形態的影響。

的確，改變生活習慣多麻煩啊！如果有一種藥吃了就會好，或者有一種手術，花幾天住院就能解決問題，那該多好。換言之，就是所有人（包括病人與醫生）都在尋找一勞永逸的「聖杯」，沒有人願意面對以下事實——唯一的解決方案就在自己家中、在我們的冰箱裡。此外，我們更必須了解，只有全身都健康，大腦才會健康。全身各個器官與系統是相輔相成的，對身體其他部位有益，對大腦也有益；同樣地，對大腦有益的，對其他器官也有益。

這本厚達四百頁的書著實讓我鬆了一口氣，失智症原本就是我最害怕罹患的一種病，假如九十％的阿茲海默症都能預防，真讓人放心不少。

那麼，到底有哪些良好的生活習慣要確實遵行呢？

第一是營養，盡量吃全食物，少吃加工食品，同時低糖、低鹽，且以植物性食物為主。

再來是運動，盡量每個小時都要動一動，而不是久坐一整天再跑健身房。作者建議的紓壓方式是靜坐、瑜伽、正念呼吸，以及多接觸大自然，同時擁有良好的人際關係。

接下來是復原力，主要是透過良好的睡眠讓身體得以修補受損的細胞。

最後是「優化」，指的是從事具挑戰性的活動，或是能夠促進大腦不同部位連結的多模式活動，有意義的社會參與也有助於大腦的認知發展。

是的，改變生活形態沒有想像中難，只要我們有心，為了自己，為了家人，為了社會，沒有理由繼續偷懶。

桌遊是保健良方

據說現在年輕人不太喜歡使用臉書，因為他們發現爺爺、奶奶、外公、外婆都有了臉書帳號。的確，不管是透過手機或電腦，已退休的熟齡族群如今花愈來愈多時間掛在網路上，再加上幾乎所有上了年紀的人最怕的都是失智症，導致許多打著預防失智症的電玩上市，每一款都說研究證明打電動可以預防或減緩失智症的進展。

電玩是否真能預防失智症，目前國內外研究結論分歧甚大，可以說是尚未有定論。不要說坊間的遊戲效果讓人存疑，美國的莫魯斯實驗室經研究後推出了一款需付費才能使用，針對大腦訓練的電玩遊戲，宣稱能提升日常生活品質和延緩失智症的發生率，後來卻因效果不明顯而被使用者提告，並於二〇一六年一月被法院判定敗訴，必須支付總金額高達二百萬美元的賠償。

另一方面，比起一個人孤零零在手機或電腦螢幕玩遊戲，其他需要與別人一起玩的遊戲，不管是傳統的棋類、撲克牌類或麻將，乃至於近年很夯的桌遊，從古早的大富翁到現今各種設計得生動有趣、種類繁多的桌遊，因為多了與人的互動，對失智症才具有絕對明顯的改善效果。

目前研究中，只有四個管道能夠確實有效地預防或延緩及改善失智症，也就是飲食、運動、多動腦的認知儲備、社交中的人際關係。桌遊包含了動腦與人際互動，有的桌遊還納入了運動設計，或是在遊戲中學習健康飲食相關知識，可以說是非常棒的娛樂與保健養生道具。

現今也有很多單位，不管是社會企業或公益團體，乃至於社區樂齡中心或日照機構，陸續開辦了桌遊相關課程與活動。曾有社區發展協會發現里內住民的年紀愈來愈大，失智老人愈來愈多，培訓了一批中高年級的孩子，讓他們先熟玩桌遊，再試教幼稚園與低年級的小小孩，等具備一些教學經驗後，再請他們教導與陪伴長輩玩桌遊，這真是青銀交流最棒的模式。

之所以使用這種看似複雜的做法，是因為教老人與教小小孩有類似之處，也就是不能太難，否則他們一直遇到障礙就會退縮、放棄，因此除了遊戲設計必須難易適中、循序漸進，遊戲的對象與氣氛也很重要。

桌遊最棒的地方是可以根據我們想達到的目標挑選適合的遊戲，不管是記憶類、認知推理、邏輯思考、反應訓練，甚至是體能運動，都有設計得很有趣的桌遊可供選擇。

有個台灣的設計團隊和職能治療師合作，開發了一款「回憶錄大富翁」桌遊，參加二〇一六年美國史丹佛大學舉辦的銀髮設計比賽，拿下心智組首獎。這款桌遊的初始構想來自於失智症團體活動舉辦的懷舊療癒課程，在遊戲中結合了各種感官刺激與認知訓練，將懷舊相片、影片、音樂，甚至肢體動作都設計了進去，在職能治療師的引導下，一次可以提供五到六位失智長者一起玩，課程每周一次，共八次，開放各機構申請，有興趣的單位可以上網報名。

除了這些比較專業的桌遊，沒有罹患失智症的我們，大可在家庭聚會時，全家人一起玩桌遊，絕對比大家各自滑手機、上網來得開心快樂，對家族情感的凝聚力更是大加分。

別再看電視了！

二〇一八年，任職於日本健康長壽醫療中心的飯塚醫師在國際知名醫學期刊上發表了一篇論文，證明下圍棋能夠抑制認知機能的衰退，也就是在俗稱的失智症預防及治療這兩方面都有效果。

飯塚醫師在失智症照護機構中找了一群年約八十九歲、完全不會下圍棋的老人家，把他們隨機分成兩組，一組找專家教他們下棋，每周一次，每次一小時，共十五次，另一組是對照組，維持原本的作息不變。

四個月後再測試，不管是智力測驗、臨床觀察和核磁共振掃描大腦，圍棋組在處理複雜資訊的「運作記憶」與免於摔跤的「注意機能」等能力上，都維持同樣水準甚至提高，不學棋的對照組大腦功能則持續衰退。

飯塚醫師認為圍棋的規則非常簡單，任何人都可以在短時間內學會，只要記住「你下完換我下」、「下在線與線的交會點」、「在上下左右包圍對方的棋」這三點即可，即便是已經罹患失智症的人也學得會。

更重要的是，一旦開始下棋，由於棋盤上可以落子的地方很多，我們就會開始思考要下在哪裡，等於是鍛鍊意志決定力。棋盤又具有空間感，因此能夠訓練空間能力，同時會注意對方如何出手、計算誰占地較多等，上述種種都是思考與動腦，能夠增加大腦神經連結，促進大腦皮質活化。

事實上，目前的科學研究確定對大腦健康最有幫助的是運動，尤其是跑步、游泳這類有氧運動，不過要是長者因為生病或肢體有障礙，不方便運動，就可以選擇下棋或各種益智遊戲來活化大腦。

反之，若為了照顧方便，讓長者整天呆坐著看電視打發時間，對大腦來說非常不健康。電視是所謂的「零度媒體」，對任何年齡層的人都有吸引力，但在觀看時，大腦等於是被動接受訊息，長時間觀看更會讓大腦被催眠，呈現似乎無意識的狀態。然而，若想促進大腦神經突觸產生新的連結，就必須有挑戰性，也就是有點困難甚至些許的吃力不舒服。換句話說，要主動付出努力。

日本這份新研究就如同華人社會鼓勵長者找牌搭子打牌預防失智症一樣，

過去大家總認為，益智遊戲如拼字、填字遊戲、數獨、七巧板等有助於活化大腦，甚至有無數廠商看準了這個高齡化社會的需求，視此為龐大商機，推出了一大堆號稱能活化大腦的電腦遊戲。

但有學者指出，這類益智遊戲大多屬於線性活動，亦即只需動用簡單的思考處理。講得專業一點就是這類益智遊戲所需的簡單記憶與思考，只會透過少量的局部連結進行編碼，僅局限於大腦單一小區域的小型網絡，要是對遊戲已熟悉到變成了習慣或自然反射動作時，更不會產生新連結，對於大腦處理正常生活機能所需要的非線性複雜需求來說，幫助相當有限。換句話說，假如長者將有限的精力（以及時間或金錢）投注在這類只能提供少數好處的活動上，其實非常可惜。

研究顯示，複雜且個人化的活動能為大腦提供更好的保護。所謂的複雜，指的是活動時會動用到大腦中許多個區域，讓大腦所有區域都有交流。所謂的個人化，則指有變化、有彈性的活動。若要具體比喻，那就像每天都花同樣的時間開車，公車司機每天走固定路線，計程車司機卻得不斷變化與嘗試不同路線，兩個人的大腦連結與年長後對大腦認知的保護作用就大有不同。

而所謂的活動或遊戲，音樂演奏就是一種多領域、多功能的活動。以彈鋼琴為例，要按下正確的琴鍵需要運動技能，身體在空間移動與看譜需動用視覺空間技能，樂曲演奏中的複雜程序則需動用大腦的執行功能，諸如注意力、情緒、語言等功能也會不斷在彈奏間同時完成。舞蹈同樣屬於複雜的活動，包括了協調、運動控制、記憶、情緒，以及對於音樂的複雜性理解。

若以大腦的複雜性訓練來說，也有研究顯示，一輩子從事高度認知需求的工作，比如醫生、律師、工程師，或者與輔導他人相關的行業，比如社工、牧師、神父、心理諮商人員等，比較不易罹患失智症，或是失智症的進展比較緩慢。同樣的，也有調查發現，較長的正規教育或自我進修，包括學習第二種語言，這些不斷給予大腦刺激與挑戰的活動，正是保護大腦最好的方法。

至於坊間那些號稱可以預防或治療失智症的保健食品，都經不起科學驗證，建議省下購買保健食品的錢，多思考、多看書、多分享、多和人接觸，才是不花錢又有用的健腦良方。

牙齒決定了我們會不會失智

身為牙醫師，我當然會說牙齒保健很重要。有牙齒才可以好好咀嚼吃東西，消化好、吸收好，身體自然好。吃也是生活的享受、快樂的來源。牙齒更是門面，牙齒美觀，表情豐富靈活且說話清楚，對人際互動亦有幫助。

最近幾年許多腸胃科醫師都建議，食物要多咬幾口才吞嚥，一方面可以充分混合唾液，減輕腸胃道負擔；一方面唯有充分咀嚼，大腦才有時間下達飽足感的指令，免得我們吃太多，不知不覺吃進太多熱量，造成肥胖。至於究竟一口食物要嚼多少次，每位名醫建議的次數不等，從最少的三十下到最多的六十下都有。說實在，我自己試過，偶爾一口或二口勉強咀嚼六十次才吞嚥或許還可以，若要每餐飯的每一口都做到，幾乎是不可能的任務。

以上提到擁有健康牙齒的好處，大概都算常識範圍，很容易理解。但我最近看了日本失智症權威長谷川嘉哉醫師寫的書，非常訝異，因為他用日本人一貫的嚴謹與一板一眼、實事求是的實驗精神，證明了要避免失智或失能，與口腔的「咀嚼力」與「牙齒數目」息息相關。

長谷川是位每個月負責診治一千位失智症患者，數十年來累積超過二十萬名病人的醫學博士兼腦神經內科專家。他讓口腔衛生師常駐在自己的診所裡，並設置了牙科治療椅，透過牙科與神經內科這兩科的合作，以及實證醫學的研究，證實了對於改善、預防失智來說，牙科與神經內科的合作有非常明顯的效果，也找到了其中的運作機轉。

長谷川醫師主張，大腦與牙齒彼此間有非常強烈的「羈絆」。大腦裡的神經血管有廣大的範圍和口腔及牙齒相連結，口腔的神經分別占據了全腦運動及感覺神經的三分之一，若再算入與嘴巴相連的顏面神經，甚至占了一半。換言之，光用牙齒咀嚼就能廣泛地活絡大腦。相反的，若牙齒掉光無法咀嚼，腦部刺激就會減少，腦神經也會逐漸退化。

已有許多研究證明，牙齒的數量和大腦萎縮的風險有非常顯著的相關性。

每一次咀嚼都會讓健康牙周膜的血管受到壓縮，如同幫浦般將血液送往腦部，每咬一次的血量是三．五毫升。牙齒愈少，整體牙周膜乘載的壓力隨之減少，送往腦部的血液量當然也會變少。唯有大腦裡的血流順暢，才能沖走造成失智症的β類澱粉蛋白。

正因如此，最容易讓成年人喪失牙齒的牙周病，成了失智症的源頭。

日本早在一九八九年就開始發起「八〇二〇」運動，意思是「即使到了八十歲，也要留下二十顆自己的牙齒」。這個運動的確有效果，一份二〇一六年發表的調查顯示，八十至八十四歲的日本人中，超過半數擁有二十顆自己的牙齒。

長谷川醫師還發現，由於食物愈來愈精緻與柔軟，現代人的咀嚼次數正在快速減少，必須額外創造咀嚼的機會。他的建議是嚼口香糖，每天三次，每次至少五分鐘以上，以彌補正常進餐時不足的咀嚼量。

現今市面上的口香糖多半不含會引起蛀牙的糖，改用木醣醇這類天然甜味劑取而代之，口腔內的細菌不會對木醣醇代謝產生酸，因此能減少牙菌斑，預防蛀牙與牙周病，甚至內含磷酸鈣，可以幫助牙齒的再礦化，也就是修補與強化齒質。更棒的是，咀嚼本身就能幫助牙周膜的血液流動，連帶讓大腦的血流帶走代謝廢物。

長谷川醫師的論點讓我這個牙科醫師收穫匪淺，現在都隨身攜帶木醣醇口香糖，在外用餐後沒辦法立刻刷牙，或與朋友聚餐無法細嚼慢嚥時，隨時都能來上一顆。

日本是全世界最長壽的國家，高齡人口比率最高，連帶地，罹患失智症的長者也最多。台灣的高齡人口比率增加速度近年已超越日本，走在前面的日本所採用的各種因應措施，剛好可供我們借鏡。

多螢幕時代的眼睛保健

學生時代總是好奇，明明靜靜坐著用功讀書，怎麼特別容易肚子餓，似乎比玩耍時動來動去還耗體力？後來才知道，大腦平時就耗用了全身二十%的能量，要是腦袋認真思考，耗用能量還會再增加三十%。眼睛在近距離專注閱讀時，血液流速也會增加三十%。

供應眼睛營養的血管系統稱為脈絡膜，是人體裡密度最高且流速最快的血液系統，除了負責提供充分的養分與氧氣，也負責快速降溫光線所產生的熱量，以免對視網膜，也就是眼神經系統造成傷害。

視網膜症正中間那個小小的區域叫做黃斑部，雖然只占了大約五%的視網膜面積，大腦的視覺中樞卻得耗用一半的容量來分析由黃斑部接收到的影像訊息。黃斑部在直視物體時因雙眼不同的視角產生的細微視差，也必須透過大腦的分析與組成，才能合構成我們看到的立體影像。

平常我們看遠方時，由整個視網膜負責，黃斑部只負責正中間小小的視野，負擔較輕，調整水晶體弧度的睫狀肌也呈現放鬆的狀態。看近時則相反，睫狀肌得收縮、呈現緊繃狀，好把焦距拉近，所以眼睛容易累，黃斑部也會承受較大的工作負擔。

以前近距離看書，眼睛會疲勞也就算了，手機一出現，對眼睛的傷害更是巨大。主要是因為手機螢幕是發光源，光線直線進入視網膜的距離既短又強，往往還來不及在整個眼球均勻擴散開來，就已直達黃斑部。

更慘的是關燈看手機，由於瞳孔在黑暗中會張大，手機的直射光源又讓瞳孔來不及因環境的光亮而收縮，長驅直入黃斑部，對於本來就非常敏感的視神經區域傷害極大。要知道，視神經系統一旦受損，是非常難醫治的。

現代人因為工作或人際往來，不得不常常使用手機，若不注意讓眼睛經常休息，長時間連續使用造成永久傷害，很容易年紀輕輕眼睛就毀了。

擔任眼科醫師的朋友就感慨，以前診間若有年輕人，絕對是陪長輩就診，現在相反，十之八九的病人變成了年輕人。

除了不要在黑暗地方看手機，看的時候距離遠一點，看的時間不要太久等基本注意事項，有機會也要多攝取視神經與黃斑部的保養補充品，比如水溶性的花青素，比β胡蘿蔔素變成的維他命A更能有效協助黃斑部的視紫質產生作用。另外，脂溶性的葉黃素也是能夠防止黃斑部退化的重要因素。

花青素的來源方面，紫色的蔬菜水果中含量很多，比如茄子、紫色地瓜、藍莓、蔓越莓、李子等，其他如草莓、番茄、葡萄、蘋果等紅色蔬果裡也有不少。

葉黃素的來源方面，最好的食物是蛋黃。雖然有些蔬果裡也有葉黃素，但人體吸收率不佳。蛋黃的葉黃素比綠色蔬菜的生物可利用率高出了三至四倍，而且蛋黃的葉黃素含量原本就遠高於蔬果。由於葉黃素是脂溶性的，多存於油脂中，若身上的脂肪過多，葉黃素很容易跑到脂肪去，眼睛黃斑部能吸收到的葉黃素就會比較少，這也是胖子比較容易得到黃斑部病變的原因。

自古流傳，中藥裡的枸杞具有明目效果。的確，枸杞除了含有葉黃素，還有牛磺酸，對於視網膜神經細胞及血管的保健及修復很有幫助。

另外，對視網膜的傷害除了來自手機、電腦螢幕的藍光，強烈日照同樣是傷害來源之一。豔陽天外出要記得準備太陽眼鏡，而且眼鏡愈大愈好，最好是包覆式套鏡，能夠做三百六十度防護。除了防止紫外線，亦能降低PM2.5（細懸浮微粒）的粉塵侵入眼睛，保護眼睛周圍的組織。

若太陽眼鏡太小，光線還是會從鏡框周邊射入眼睛。由於戴了墨鏡、正面進光量減少，瞳孔隨之放大，反而讓從周邊射入的有害光線更容易直入眼睛，產生更大的傷害。

太陽眼鏡有許多不同顏色，一般而言，棕色能擋住反射的光，開車時較安全；灰色最具保護力，由於對各種顏色的波長吸收得最均勻，因此不會改變物體的原來顏色；綠色適合看風景，戴起來最舒服；至於黃色鏡片類似黃斑部的顏色，能增加顏色的對比，通常是運動員配戴的，以保持視線的清晰。

若是因為不得已加班，眼睛痠痛疲累，可利用熱敷增加血液循環，同時也讓保護眼球的淚膜較為穩定。研究證實，熱敷能融化阻塞眼睛腺體的油脂，改善眼睛的乾澀不舒服。也有研究建議，攝氏四十五℃是最有效且安全的熱敷溫度，而且只要熱敷十分鐘就能有效降低眼壓。

有道是眼睛是靈魂之窗，眼睛更是我們學習或休閒娛樂的主要工具，更麻煩的是，視網膜與黃斑部一旦受傷，很難復原，因此一定要好好保護。

不要在街上運動

前些天遇到朋友，看他腰際繫了個計步器，知道他工作忙碌，便問他怎麼有時間每天走上一萬步？朋友回答利用上班前先走兩、三站再搭捷運，下班也提早二、三站下車走路，湊一湊勉強可以達標。

我聽了不禁搖搖頭提醒他，每天上下班時段正是馬路上PM2.5最多的高峰，擁塞的汽車、公車、摩托車大量排放廢氣，最好避開這個時段。話說完，順便轉頭警告旁邊另一位經常路跑的朋友：「運動時吸入的空氣量是沒有運動時的三倍以上，尤其是長時間跑步，每分鐘呼吸的空氣量是正常的八到十倍，這些被大量吸入的PM2.5有五十％到九十％會沉積在肺泡裡，甚至進入血管，循環全身，形成各種疾病。台灣每年公布的十大死因當中，除了意外事故，其他九項都和空氣汙染有關。」

經我一提醒，兩位朋友也想起近年台灣舉辦過好幾次為了空氣汙染而走上街頭的遊行，世界衛生組織也公布每年空氣汙染奪走了七百萬條性命。據統計，台灣每年至少有三萬人死於直接或間接空氣汙染，其中最令人印象深刻則是肺腺癌。

說到肺腺癌，就讓人想到許多不菸不酒、生活規律的名人都因它而逝，從早些年的盧修一立委、法務部長陳定南、舞蹈家羅曼菲、單國璽樞機主教，到這兩年大家已有警覺，提早檢查，早期發現得以盡早治療的蕭萬長前副總統、陳建仁副總統、台北市長柯文哲夫人陳珮琪醫師等。

肺腺癌最可怕的是初期沒有症狀，一般常規X光檢查不出來，必須透過微劑量的電腦斷層篩檢才能發現，等到出現症狀多半已是末期，也讓肺腺癌連續九年成為台灣死亡數最高的癌症，每年帶走高達九千多條生命（台灣罹癌數最高的是大腸癌，但每年因大腸癌而死亡的人沒有肺腺癌多）。

前幾年台大醫院竹東分院曾舉辦「萬人肺癌篩檢」活動，最後有將近五千人完成檢查，其中近三成疑似肺部有腫瘤，雖然不全是肺癌，比例仍然相當驚人。負責活動的醫師私下透露，會來參加篩檢的大多是有健康觀念，社經地位較高，坐辦公室的白領階級，那麼社會上其他更容易受到長期空氣汙染的危險族群究竟情形如何，實在令人擔心。

講完後我開玩笑地說：「為什麼注重健康的白領階級會有那麼高比率檢查出疑似肺部腫瘤，該不會像你們一樣，因為太重視健康，反而常常在街上運動？」看到兩位朋友臉色發白，我連忙安慰：「有空到醫院做個肺部檢查，不必太擔心啦，空氣汙染誰也逃不掉，我們總不能不呼吸。真的會得的，除了PM2.5是促發因素，和個人體質或基因也有關係。」

隨著人類文明的發展，我們希望擁有更豐富的物質生活、更方便的交通，隨之而來的就是發電量與工廠的同步增加，也讓空氣汙染成為現代人無所逃遁於天地之間的惡夢，雖然專家說PM2.5除了N95口罩可以有限度隔絕，一般口罩無法將之阻絕於外，但不管如何，方便的話，上街盡量戴上口罩，至少可以阻絕其他大分子的汙染物，那些有毒顆粒同樣會造成身體的病變。

如果要參加路跑或在公園廣場運動，記得先查查環保署空氣品質監測網，也有很多手機APP能夠提出及時霾害警示。總之，先看看自己的活動區域汙染嚴重程度，再決定要不要出門吧！

注射帶狀皰疹疫苗，解除體內的不定時炸彈

雖然我早知帶狀皰疹已有疫苗，也想注射，因為忙，就這樣拖了下來。最近讀到作家瓊瑤寫的《當雪花飄落時》，描述她照顧平鑫濤罹患帶狀皰疹後那種極為強烈的疼痛與後遺症，我立刻前往醫院接種了疫苗。

接種當天晚上，剛好應邀前往某讀書會分享《李偉文的退休進行式》，看到在座有數十位中壯年聽眾，隨口問：「有誰打過帶狀皰疹疫苗？」居然一個人都沒有。好幾位看來相當重視養生的聽眾反而問我：「我知道帶狀皰疹是很可怕的病，但怎麼從來不知道有疫苗可以打？」

的確，帶狀皰疹俗稱皮蛇，是種非常難纏的疾病，往往會在我們免疫力低落時，比如中壯年因工作過度勞累、五十歲後也許是一、兩天沒睡好或是感冒過後，突然發病。

現在四、五十歲以上的人小時候大概都得過水痘，當年因為沒有水痘疫苗，幾乎人人都有機會在身體疲累、免疫力差時得到。由於帶狀皰疹的病毒就是水痘的病毒，小時候感染過水痘後，病毒就長期潛伏在我們的神經系統裡，伺機而動。

發病時，病毒會沿著神經結從身體任何一處神經末梢冒出來，這種神經痛如針刺、火燒、電擊，而且夜以繼日，難以忍受。更慘的是，幾個星期後，皮膚的水疱結痂似乎痊癒了，還有將近二成左右的人會有持續的神經痛，短則數個月，長則終生疼痛，痛到讓人喪失存活的勇氣，也是年長者在憂鬱症之外，最主要的自殺原因。

為什麼帶狀皰疹的病毒會造成長期的神經痛呢？

這是因為病毒攻擊神經時，身體的免疫系統過度反應，在消滅病毒的同時，也連帶損傷了神經元。由於受到劇烈破壞，神經元在快速修復時，容易產生不正常的連結，導致傳遞訊息的紊亂，也讓患者不分晝夜感覺宛如被針刺、被火燒、被電擊。更慘的是，由於疼痛的原因不是細菌感染或其他器官組織的發炎，而是本應正常的神經傳導發生了異常，吃止痛藥根本沒用！通常會服用抗癲癇或抗憂鬱藥物，希望阻斷這類異常的神經傳導，若無效，或許只能以外科手術切斷神經的方式，降低這種難以忍受的痛。

帶狀皰疹病毒另一個讓我最害怕的是，有很大比例的患者會出現眼睛併發症，甚至失明。據統計，台灣四十歲以上的成年人在一生中，有三分之一的人會罹患帶狀皰疹。三分之一！機率實在很高。

帶狀皰疹就像是我們體內被安裝了一顆不定時炸彈，年紀愈大，發病機率愈高，往往可能只是一、兩天沒睡好覺，或是感冒，或是因為忙碌太累而壓力太大，就會發病。

若能在發病頭三天及早確定是帶狀皰疹，及時服用抗病毒藥物，是有機會抑制病毒大規模感染的，也能減少癒後神經痛的機率。然而，初期的帶狀皰疹常被忽略，因為我們會以為是太累，或是罹患了其他感染。

初期的帶狀皰疹有三個明顯特徵。首先是「痛」，是那種突發性但又會持續一段時間的痛，且伴有灼熱感、刺痛感，甚至痛到睡不著覺；第二是疲憊，發病前通常有過勞、睡不著，處於高度疲憊的狀態；最後也最明顯的是起疹子，皮膚上有聚集性丘疹，尤其在胸前的肋骨神經附近，成帶狀如蚯蚓般的分布，也有可能呈長條帶狀長在臉部、手臂或背部、腿上。之所以呈現帶狀長條，就是沿著長長的神經傳導線起疹子。

總之，一定要把握發病頭三天的黃金治療期，錯過後再服用抗病毒藥，對已成氣候的病毒大軍是束手無策的。

聽完這些資訊，讀書會裡的每個人都臉色凝重，我趕緊提醒，只要花幾千元自費施打疫苗，大概就能終生免疫，不必再提心吊膽，是項很划算的投資。轉瞬間，每個人都鬆了一口氣，相約前往醫院注射疫苗。

如今進步的醫療科技，再加上重視養生保健的觀念，讓我們的壽命愈來愈長，但是能否老得活躍，不因失能而終日躺在病床上，相信是超高齡社會裡最重要的課題。

確實，有些疾病無從防範，得到了只能說是命運弄人，但另一方面，也有很多疾病可以事先預防，比如帶狀皰疹。每個人都有責任，好好認真面對這些該注意、該做好的事，不然痛苦的不只是你個人，連帶會連累家人，並加重社會國家的負擔。

舉例來說，有些癌症很難預防或早期發現，但像口腔癌、乳癌、子宮頸癌與大腸癌這四種，既容易篩檢、花費時間又少、成本也低，早期發現的可能性很高之外，還有機會進行非常有效的早期治療，甚至有可能完全治癒。若在政府不斷大聲呼籲鼓勵大家就近前往醫療院所篩檢時，你始終無動於衷，最後真的罹患了這四種癌症，又該怪誰呢？

除了這些特定疾病的預防與早期發現，在台灣，年年死亡率總是位居前序的心臟與心血管疾病，人人都知道其危險因子來自何處，端看自己是否真的願意時時檢視血糖、血壓與血脂等相關指數。

有人說，減肥最好的方法是天天量體重，的確，時時刻刻知道這些健康指標的變化，就能提醒我們在面對誘人的食物時，少吃一、兩口，樂趣不減，健康加倍。

沉默殺手高血壓

最近被老婆和女兒們強迫去掛心臟內科，也是我幾十年來第一次「看病」。

倒不是說身體從來沒有不舒服過，偶爾流鼻涕、咳嗽，我向來都是自我觀察，休息幾天就好了，不曾前往醫院掛號看診。之前做了全身健康檢查，各種高階影像或內視鏡的檢查結果顯示，各個器官運作都算正常，反而是最簡單的基礎項目如血壓、血糖、血脂皆超過了標準正常值一點點。

在那之後，太太買了血糖計和血壓計，不定時在家幫我量測。

血糖很快就恢復了標準值，誰叫我以前太愛吃甜點了，而且一吃就不知節制，對別人隨手遞來的含糖飲料也隨口就喝，所以只要斷絕這個來源，血糖就不再出問題。

倒是血壓比較怪，最近半年不論怎麼測都相當高。標準舒張壓應該在八十五毫米汞柱左右，收縮壓在一百二十至一百三十左右，我的舒張壓卻一直是一百以上，收縮壓一百六十以上。一度以為血壓計有問題，太太測起來的數值卻很漂亮，非常標準。

拖了一段時間沒理會血壓的問題，畢竟沒有症狀嘛，感覺身體狀況和以前都一樣，難道真的罹患高血壓，必須長期服藥了嗎？後來，太座大人對兩個寶貝女兒提到了這件事，這下子換成女兒們每天叮嚀我去看醫生，這才下定決心前往醫院掛號。

大部分罹患高血壓的人都像我一樣，絕大部分不知道自己血壓不正常，直到生病後才發現。據統計，高血壓患者只有四分之一會按時服藥，也導致了台灣每年前三大死因中有兩項與高血壓脫不了關係，也就是腦中風及心血管疾病。可以說，台灣每年死亡人口裡，超過一半都是直接或間接和高血壓有關。

很多人在中壯年時忽然猝死，這些平常有運動習慣、生龍活虎，看來相當健康的人，往往因為心臟的冠狀動脈硬化、阻塞或痙攣，導致心律不整，一旦某個瞬間心跳停止，若沒有在第一時間進行電擊，往往沒幾分鐘就已回天乏術。

然而，為什麼會是看似健康的中壯年，而不是血糖、血脂、血壓長期過高，吃一大堆藥的長者呢？

原因在於，阻塞在年長者動脈血管壁的斑塊，多半屬於壁很厚、很穩定的斑塊，一旦因為運動或血壓偏高，心肌需要較大的血流量時，就會出現心肌需氧的症狀，胸口像被石頭壓著，感覺悶悶的。這種時候只需要休息或含舌下錠，症狀就能緩解。面對這種長期阻塞的冠狀動脈，人體甚至會發揮保護作用，心臟會慢慢產生一些新的小側枝血管，供應長期缺氧的心臟肌肉。

反倒是青壯年因為血脂過高，沉積在動脈血管壁的斑塊並不穩定，斑塊壁很薄，雖然平常完全沒有症狀也不會不舒服，但不穩定的斑塊要是破裂，引起體內血小板凝集、堆積，就會形成血栓。如果一下子就把冠狀動脈完全阻塞住，亦即急性心肌梗塞，致死率非常高。

也有醫生提醒，習慣搓揉頸部或強力扭轉頸部的人要很小心，若讓頸動脈的血管斑塊鬆動，很容易阻塞在大腦裡，形成腦中風。

另一種常見的猝死來自心律不整，尤其是季節轉換，天氣忽冷忽熱或氣壓變化大時，心臟特別容易跳動不正常。後天的心律不整與高血壓的關聯性也最高。

心跳速率屬自律神經控制，分為交感與副交感神經。若是壓力大，交感神經作用下，血壓很容易上升。換言之，中壯年的工作壓力大、忙碌、睡眠不足，都是讓血壓上升的原因。

回頭檢視生活習慣後，我發現自己的鹽分攝取過多，恐怕是造成血壓高的主因。統計發現，台灣約有二至四成的高血壓患者對鹽分很敏感，只要吸收的鹽一多，血壓就會飆高。箇中原理就是因為體內的鹽一多，為了維持酸鹼平衡，身體就會儲積水分，讓血管充塞，血壓自然上升。

現代人外食多，又是重口味，含鹽量都太高了。可以說幾乎所有加工食品，甚至連麵包都含了大量的鹽。比如說，一個小小的杯麵就含有七．八公克鹽，超過一天最多六公克的建議量，何況一天中我們還會吃進其他東西，都隱藏了許多鹽分，尤其是我最喜歡吃的辣炒花生。

為了遠離高血壓這個沉默殺手，除了天天量血壓，我們真的要慎重檢視自己每天的飲食與生活作息。

膝蓋好，健康老

人類在數百萬年前由樹上移到地面，選擇不同的生存方式後，為了覓食與禦敵，開始轉變為直立行走，空出的前肢變成了萬能的雙手。這雖然是文明進展的關鍵，但是直立之後，膝關節必須承受全身重量，還得兼負轉動、跳躍、跑步與各種動作，受傷風險不但比任何關節都大，一旦受了傷影響行動能力，很快就會加速身體的衰老、各種器官的退化與產生疾病。

正因如此，善加保養膝關節成了「健康老」非常重要的一環。無奈的是，放眼四十歲以上的台灣民眾，居然超過五十%的人有膝痛的困擾，退化性關節炎則被認為是最常見的原因。

所謂的「退化性」，顧名思義，似乎是年紀大的自然現象，是老化所致，認為自然退化的膝蓋軟骨一旦破壞就無法再生。狀況嚴重一點就換人工關節，沒那麼嚴重就服用消炎止痛藥，或吃如葡萄糖胺之類含有軟骨成分的營養補充劑，或是注射血小板濃縮製劑。

然而，不管是吃的、打針的，效果都很有限，往往只是暫時緩解症狀，有的研究甚至認為這些恐怕都只是安慰劑效應。置換人工關節的人也有相當比例無法恢復原先的功能，還是會痛，或是行走仍有困難。一旦膝關節痛到干擾生活，要不要開刀就成了一件令人相當困擾且不知道該如何抉擇的事。

嘉義大林慈濟醫院膝關節健康中心主任呂紹睿醫師在長期研究後，提出了不同的見解，認為膝蓋軟骨一直在新陳代謝，正常使用的磨耗是會再生的，只要去掉不當破壞的力量，即便軟骨已有相當損傷，還是有機會慢慢長回來。

那麼，破壞的來源是什麼呢？

呂醫師認為，膝蓋內普遍存在的內側皺襞與關節軟骨的互相摩擦，正是造成退化性關節炎的主因。內側皺襞是膝關節的滑膜囊在發育過程中，沒有完全退開所形成的，長得宛如衣服的皺摺，年輕時透明柔軟有彈性，但隨著年紀增加，每年膝蓋好幾百萬次的彎曲與伸直，原本柔軟的內側皺襞就會不斷受到軟骨摩擦或夾擊，因而開始纖維化，慢慢失去彈性直至變硬，反過來摩擦軟骨組織，造成傷害；與此同時，發炎的內側皺襞也會釋放出有害的化學物質，腐蝕軟骨。

受到磨損與腐蝕力量破壞的軟骨會碎裂出小碎片，這些宛如細碎小石粒的小碎片摻雜在上下左右旋轉的關節運動中，勢必造成更多磨損。除了瞬間劇痛，也將加劇破壞軟骨。

要是關節已經被破壞得很嚴重，從X光片可看到軟骨磨損已超過一半，上下骨頭已長出骨刺（之所以會形成骨刺，是由於關節韌帶因為軟骨磨損而鬆弛，為了維持關節的穩定，骨頭會增生來支撐，這種增生的骨頭就稱為骨刺）時，只要用關節鏡除掉內側皺襞及骨刺，清除發炎組織，讓軟骨有良好的環境修復再生，通常就能恢復，不用裝人工關節。

如果拖到軟骨已經完全磨損、徹底不見，關節嚴重變形、無法走路，這時就得置換人工關節，並在手術時一併處理內側皺襞引起的病變組織，才能有效減低過往安裝人工關節後仍然不舒服的狀況。

但是，動手術總是最不得已的，最好是在還沒痛到不能走之前，就早早預防與保養我們的膝蓋。其實人體的膝關節有著完美的自我保護機制，當膝蓋彎曲度在三十度以內，比如走路或跑步時，軟骨間只是相互滾動，並不會產生具破壞性的摩擦力，而且走路產生的間歇壓力能夠幫助膝蓋軟骨的新陳代謝與再生。

然而，要是膝蓋彎曲超過三十度，軟骨間會開始有互相滑動的摩擦現象：超過六十度則會產生磨擦力。因此，人一過了中年，由於內側皺襞已經纖維化，盡量不要從事會讓膝蓋彎曲超過五十度的活動為佳。

假如真的必須彎曲，一定要注意放慢動作，避免上下骨頭快速動作時夾擊到內側皺襞。也要避免長時間的屈膝久坐，膝關節一旦長時間彎曲超過九十度，會造成內側皺襞腫脹發炎，最好每隔三十分鐘就能變換姿勢，走走路、伸伸腿。

坐下或蹲下時，動作應盡量放慢，避免內側皺襞突然受到膝蓋骨的夾擊。慢慢地坐下或蹲下，骨頭互相摩擦時，才能讓內側皺襞順利退開。

當然，爬樓梯或爬坡時，有些人因為動作很快又很大，膝關節反覆大角度的彎曲，也會不斷產生內側摩擦的現象，因此除了少爬樓梯，真的要爬時，動作同樣要放慢，而且盡量讓膝關節保持微彎，避免角度大彎曲然後立刻又伸直的重複動作。

當然，日常保健最根本的是強化大腿的股四頭肌，既能穩定膝關節，又能降低軟骨受傷的機會，同時透過運動維持膝關節彎曲與伸展的能力，增加關節靈活度。相關示範影片只要上網以關鍵字「認識退化性膝關節炎日常生活保健」搜尋，就可以找到。

惱人的腰痠背痛

最近有個朋友早上起床時閃了腰，疼了一個多星期，幾乎什麼事都無法做。他自己推測是床墊太軟了，聽專家建議後，連忙換成一個只有五公分厚的墊子。

下背痛幾乎可算是流行病的一種了，高達八成以上的成年人都有背痛經驗，尤其對我們牙醫師而言，肩膀、腰、背的痠痛應該算是職業病。

下背疼痛不會要人命卻很煩人，又難改善，這從下背痛是同一年用健保卡看同一個疾病就診數量排行第一就可以看出來。

下背痛的原因最常見的是椎間盤凸出或長骨刺，往往讓人站也不是、坐也不是，只有平躺時稍微好一點。這是因為站著時，椎間盤承受的壓力是平躺的二到四倍，坐著時則是平躺的四到八倍。

為了彌補腹背肌力不足，減少腰椎受力，有人會穿戴護具，但長期使用護具有可能讓腰部與背部的肌肉力量降低或逐漸僵硬，所以不能隨意使用。護腰和護膝一樣，應該只在急性狀況時使用，比如急性肌肉拉傷、急性椎間盤凸出壓迫到腰椎神經導致坐骨神經痛等。如果是慢性下背痛，應該找出原因，對症治療。

除了明顯的突然外力受傷，下背痛大多是慢性發炎或長期姿勢不良所造成。一開始往往是支持脊椎穩定度的肌肉、韌帶拉傷或痠痛，變得沒有力量，再慢慢進展到脊椎的椎體本身產生結構性改變，像是椎間盤凸出、骨刺或退化性關節炎等。

因此，對於平常的腰痠背痛不要掉以輕心，以為買個中藥貼布貼一下就沒事，最好仔細檢視自己的坐姿，畢竟這種反覆的腰痠背痛通常是來自久坐不動的生活形態，有時候則是彎腰、扭轉腰部或提重物時受了傷。

現今的生活形態真的很容易一坐下來就是一、二個小時，甚至三、四個小時都沒離開座位。工作時或許是不得已，但下班或退休後，我們也常坐在電腦前上網或追劇，一集又一集，二、三小時一晃眼就過，身體一動也不動。

此外，不管是滑手機、打電腦、看書、看電視或坐著聊天，日常生活的姿勢大多以前傾為主，假如只是肩胛骨向前彎，胸椎卻沒有挺起來，就會拉扯到背後的肌肉，久了背肌就會彈性疲乏，容易痠痛。想要減輕脊椎的負擔，唯有挺直身體。我們常以為抬頭挺胸很費力，其實剛好相反，站姿、坐姿愈直，脊椎的壓力愈小，身體愈舒服，連帶地精神會愈好。

專家建議每坐二十到三十分鐘就要起身走一走，動動肩頸腰背，緩解一下腰部累積的壓力。這話說起來簡單，真要做到卻不容易，或許可以用碼錶計時器提醒自己，每次坐下後就順手按下，鬧鈴響起就提醒自己動一動。

有些人因為腰痛，不敢做太大的動作，在急性疼痛緩解以後，一定要勉強自己把腹肌與背部的肌肉練起來，同時加強肌肉的耐力與柔軟度。據專家說，下背痛患者只要持續運動四個星期以上，九十%有機會擺脫下背痛困擾。肌力鍛鍊之所以重要，是為了防止因為腹背的核心肌群力量不足而導致的脊椎結構性改變。只有強健的肌肉才能將整串脊椎骨保持在正常的位置，否則年紀一大，除了駝背不好看，還會產生一系列身體健康的退化。

處理腰背疼痛，身邊有不少朋友會在親友推薦下找人整脊。這種方式在台灣雖然屬於沒有專業檢定的另類療法，但歐美、加拿大、紐澳等數十個國家都有經由國家認證的人員為病人治療背部的骨骼肌肉神經系統，在台灣卻因為常和民俗療法的鐵打損傷與推拿混在一塊，良莠不齊，不時傳出骨折、四肢癱瘓或中風的新聞，令人擔心。有些整脊治療甚至誇大宣傳，除了治背痛，還能治氣喘、腸胃道、頭痛、過敏……簡直治百病。

以生理學的角度來看，整脊只對神經骨骼肌肉系統這方面有比較好的療效，如落枕、急性下背痛、坐骨神經痛、腰扭傷等，而且要盡早治療才有效果，若拖到半個月後變成了慢性疼痛才治療，效果就比較差了。

安全的整脊應該不會痛，只有很少部分的人在矯治後頭幾天會有些痠（並不是痛），這是因為調整後，原先沒有用到的肌肉必須重新出力，因此剛開始時比較容易痠。

不管是去整脊還是到醫院做西醫的復健，都只是治療一時的疼痛，最終還是要常常提醒自己保持正確的姿勢。只要一想到失能的長壽是天譴，老後的生活品質來自於能走能跳、行動自如不靠別人，我想任何人都會心甘情願地保持良好的坐姿與站姿。

肌力訓練是活躍老化的關鍵

戰後嬰兒潮的大量人口陸續退休，一下子似乎全世界的人都關心起高齡社會這個議題。起先大家只注意退休金與長照安養的準備，當聯合國世界衛生組織提出活躍老化這個比較正面積極的目標後，大家才發現，原來重點是在預防失能，行動自主才是活得好或不好的關鍵。

而是否能站能走，最重要的是有足夠的肌肉與強壯的骨骼，也讓肌力訓練與存骨本迅速躍升為養生保健中最夯的主題。最近一段網路上的健身影片在關心肌力鍛鍊的朋友群中引起了熱烈討論。

這份由美國運動醫學會發表的研究提供了一套能夠有效燃燒脂肪、增長肌肉的高強度間歇運動，不但只需要七分鐘，更棒的是運動後的三天之內，熱量的消耗量可以持續整整七十二小時。最令人心動的是，不用上健身房，只要一張椅子，隨時隨地可做，對於經常苦於沒時間或有一大堆藉口的懶人頗具吸引力。

這套運動內含十二項動作，每個動作時間三十秒，中間休息十秒，再換下一個動作，做完一整套大約只花七分鐘，一天之內可視體力重複幾次，但最多只要做三、四回即可。十二項動作包括了我們從小就會的伏地挺身、弓箭步、深蹲、開合跳等。

這種「動、停、動、停」的間歇訓練是當今最夯的新概念，就連健走也有人主張採取這種間歇式走法，也就是一般步伐走和快速行走兩者交替，似乎能讓效果更好。總之，現在市面上健身房一大堆，每個教練都有獨門方法，網路上也有無數教學影片，都有各自的理論，我覺得都好，找一種自己喜歡、覺得方便自在的，持續地做下去最重要，不要一曝十寒三分鐘熱度。

另一方面，這類七分鐘運動雖然方便有效率，但也會讓人在短時間內體溫上升、呼吸加快，除了做之前要適當熱身，還要注意自己的身體狀況。若原本就有心血管疾病、關節受傷，或是體力不好、睡眠不足，都要避免，以免造成傷害或意外。

很多人都知道，鍛鍊肌力是為了長肌肉，所以會刻意補充蛋白質。要注意的是，補充蛋白質應在運動後的三十分鐘到一小時內，若是超過兩小時，吃進去的東西只會變成一般熱量，合成為脂肪。

若是太早吃，在上健身房前就吃一大堆蛋白質，站在能否加速身體肌肉蛋白質合成的立場上，這個時間點並不正確，因為激烈運動時的肌肉是有點發炎的狀況，若在運動前或運動中補充東西，會對身體形成負擔。最好在運動後吃，而且吃身體比較好利用、能快速合成的蛋白質，比如牛奶或豆漿。

比較容易忽略的是，身體要有效率地合成蛋白質，需要胰島素的協助，而胰島素必須在進食醣類時才會分泌，所以吃蛋白質時，也要一併吃進醣類。這裡的醣是來自澱粉的醣，不是飲料裡的果糖。果糖不經由胰島素處理，因此不會增加胰島素的分泌，果糖是直接進入肝臟合成脂肪。

什麼是內含澱粉、升糖指數（快速促成胰島素分泌的指數）又較高的食物呢？地瓜就是優質又容易買到的食物。所以說，下次進健身房或準備做運動時，先到超商買兩顆番薯加一罐無糖豆漿，並在運動完半小時內吃完。

千萬不要在運動後喝可樂之類的包裝飲料，那些冒著泡泡的糖水在滿頭大汗時喝起來雖然很爽，卻會帶走骨頭裡的鈣。很多人以為有吃鈣片就不會有骨質疏鬆的問題，殊不知骨骼的基本材料除了鈣，還需要膠原，而膠原來自蛋白質。此外，骨骼的生長還需要性荷爾蒙的促進，這也是停經後的婦女容易骨質疏鬆的原因。

此外，我們吃進去的鈣能否順利被腸胃道吸收，還牽涉到很多因素，比如鈣是來自動物、植物，還是從礦物中萃取？鈣的有效吸收也需要維他命D的幫助。最重要的是，假如我們好不容易克服種種限制，把鈣存進骨頭裡，卻喝下碳酸飲料或吃下加工食品，加工食品在代謝後會產生磷酸鹽，人體若想把多餘的有害磷酸鹽排出去，就必須動用到鈣以形成磷酸鈣。鈣從哪裡來？沒錯，就是把我們骨頭裡儲存的鈣給提領出來。

儲存骨本，除了注意該吃什麼東西，不該吃什麼東西也非常重要。由於每個人的骨頭能夠儲存的鈣數量不一樣，若想讓存鈣的池子加大，就要多加強有負重的運動。骨骼要受力，才會刺激骨細胞的成長，骨細胞夠多、夠大，鈣才有地方可以儲存。想給骨頭壓力不見得要一次很用力，而是次數要多且持續多次，像是慢跑、跳繩，甚至只是原地踏步，都是很好的選擇。

食物方面，有人以為牛肉裡含的鈣比較多，其實不然，海帶、海藻、香菇或芝麻糊等素食內含的鈣都比牛肉多，再加上牛肉屬於含磷酸較高的紅肉，反而會把鈣從尿液中排出來。如果希望從肉類中獲取鈣，不如選擇魚肉和雞肉這類含磷酸與脂肪量較少的白肉。

含鈣較高的食物包括了牛奶、乳酪、帶殼的蝦或帶骨的小魚乾。要注意牛奶就和牛肉一樣，喝太多會代謝出太多磷酸，反而會把鈣一併排掉。有人以為熬大骨湯可以吃到骨頭中的鈣，事實上熬煮後的湯汁沒有辦法增加鈣的釋出，反而會喝到牛骨和豬骨中的重金屬或高量脂肪，對健康反而有害。

氣功與太極拳

身邊有許多朋友開始上健身房找教練，講起肌力訓練琅琅上口，另一群朋友則是開始練氣功，打起太極拳。

有一天，朋友們聊天談起運動的重要性，練氣功的提醒只顧練肌肉的，認為隨著年齡愈大，更適合練氣功或是太極拳。

練氣功的朋友比較了兩者的不同。

首先，運動通常只強調動，氣功卻是有靜有動，而所謂的有氧運動，重點在耗氧，氣功則是兼重吐和納，有進有出，練功時著重保持「細慢長勻」的呼吸，練完心平氣和，不像運動後氣喘如牛，心跳加快，血壓上升。

此外，運動時若稍不小心，容易形成運動傷害，氣功除了養生健身，還能修復傷害。運動常常只加強身體的某部分組織，比如說打羽毛球的人手臂很粗，騎單車的人腳很粗，練氣功的人往往身材勻稱，體態優美。最後，運動追求的是具體可見的表面功效，氣功致力達成的是天人合一的身心靈平衡。

練氣功的朋友講得頭頭是道，一堆上健身房的人聽得目瞪口呆、啞口無言，另一位打太極的朋友同場加映：「太極拳也算是氣功的一種啊。打太極不但有運動的好處，還能幫助氣血循環，不要看太極拳的動作慢慢的，它可是一種全方位運動，結合了心肺功能與肌肉鍛鍊，更棒的是沒有年齡限制，九十歲、一百歲仍然可以練，而且不用找場地，隨時隨處可練。」

說著說著，只見他起身示範起來：「太極的精髓在於中心穩定不動，利用關節的力量挪移身體，動作、呼吸甚至心念，都必須專注。動作慢，也代表拆解肌肉關節運動的軌跡，讓大腦有意識且專注地思考肌肉關節的組合與協調性。而微蹲或半蹲的姿勢，就是在鍛鍊核心肌群的穩定度，大腿、小腿及腳掌的肌肉力量與平衡力，都會在慢慢挪動中加強。」

二十多年前荒野保護協會剛成立時，梅門的李鳳山老師曾經參加我們舉辦的自然生態體驗營，之後在荒野那時小小的地下室演講廳教大家一些氣功招式。這些年我有空也會做李老師推廣的平甩功，以及小甩手、大甩手，這算是我唯一持續得較久的「運動」，因為很簡單，又方便。

李鳳山老師曾經解釋，氣是一種意境，一種哲學，與生命是分不開的，它是人突破軀殼障礙，與宇宙萬物溝通的一把鑰匙。若要說得實際點，就是修行的一種方便法門。古人說修行是「饑餐渴飲倦安眠」，意思就是我們無時無刻不在修行。在行住坐臥當中，如果我們都能注意練氣，久而久之，身體將成為自己真正的好朋友，人生將成為快樂而健康的經驗。我們不再憤世嫉俗，不再消極逃避，取而代之的是積極進取、樂天助人，有天更將領悟我即萬物，萬物即我的道理。

正因如此，練氣功是一種修行的方式，講究三調，即調身、調息及調心。調身就是調整身體的姿勢及健康狀況，姿勢需保持中正，卻仍能時時放鬆，並藉著各種導引術及肢體活動使身體柔軟、經脈才易暢通。調息是運用腹式呼吸，使其調至細長慢勻，用祥和之氣化解暴戾。調心即「用心練氣」，也是修行最關鍵的一環。調整自己的心態，建立積極的、健康開朗的人生觀來造就環境。

修行講究的是實踐。李鳳山師父認為修行要從助人開始，拋掉功利的層面，心甘情願、滿心喜悅地關心、幫助別人。一個祝福的心念、原諒錯誤的胸襟、對弱者的同情，給予家人朋友一句鼓勵的話語或生活上的方便，都比捐錢給廟宇、教堂只求自己得福報，或持咒拜神只求自己發財更可貴。

此外，行仁義以「無心」為之，最為重要，當行則行，做了就忘，忘掉心中之羈絆牽掛，「忘」才能「空」，能量始能補充，否則勞累一場，慨嘆力不從願，更甚者，總覺救渡無方，更賠上了自己。

走過青壯年，很多朋友都各自尋找明師來養生，有的從西方的健身著手，找運動教練，有的練瑜伽，有的練太極，有的練氣功，我相信不管從哪個法門進入，李鳳山老師關於氣功修行的這番見解，都值得所有人參考。

務必小心冷氣病

由於全球暖化的關係，近年不管那個月分，氣溫總是屢破紀錄，城市中的高溫更讓台北市長想幫所有中小學教室統統裝上冷氣。

在烈日高溫下活動或工作，一不小心就會熱衰竭或中暑，這些都是很容易被忽略卻會出人命的危險情況。

中暑是長時間處於高溫環境，汗流過多而脫水，體溫會升高，身體的體溫調節系統出狀況，體液細胞的電解質失去平衡，感覺頭暈倦怠，然後不醒人事，休克，甚至死亡。

按照中醫的理論，體溫過高的中暑算是「陽暑」，若是體溫沒有升高，但身體內的火熱無法從體表散出，導致頭痛、胸悶、呼吸不順等症狀，稱為「陰暑」。

正常來說，當我們處於高溫環境中，身體會藉由擴張皮膚表層的微血管，透過流汗和體表的毛細孔來散熱，也就是將體內過多的熱量帶走。一旦從戶外高溫環境一下子走進冷氣很強的室內，寒冷的空氣會讓皮膚表面血管收縮，停止流汗，身體內的熱量排不出去，這就是中醫形容的「寒包火」，也就是體外有寒氣，體內卻上火。

這也是一到了夏天，大家經常進進出出室內、室外，很多人身體不舒服或一吹冷氣頭就痛的原因。有人則是喜歡大口喝冰飲、啃冰塊，也會在體內形成另一種「寒包火」，長期下來會讓身體調節溫度的能力下降，免疫力也會降低。

此外，身體感受溫度與排汗的功能，除了受到氣溫直接影響，和空氣中的溼度也有很大的關係。

曾有研究指出，當環境溫度是攝氏三十度，但相對溼度為七十度時，我們的體感溫度會升高到攝氏三十五度；若相對溼度再提高到九十度，體感溫度則會高達攝氏四十一度。也就是說，溼度愈高，我們就愈不舒服，高溫如此，低溫亦然。

此番體認，很多人是從生活經驗歸納而來。比如冬天去北歐，明明攝氏零下七、八度，卻不覺得比台灣寒流的攝氏十來度冷；去沙漠旅行，溫度動輒攝氏四十多度，也不覺得比台灣氣溫三十多度時來得難受，這都是因為台灣屬於海島、山又多，溼度往往非常高的緣故。

夏天待在室內時，若以除溼機搭配電風扇，其實不見得需要開冷氣。真的要開，溫度也不必調得太低，只要溼度一降下來，感覺起來就會舒服許多，倒是要記得多喝水。冬天也一樣，常開除溼機，讓溼度降下來，感覺就不會那麼難過了。

認識西醫體系的限制

約翰．羅彬斯（John Robbins）多年前寫的《新世紀飲食》（*Diet for a New America*）一書改變了許多人的飲食習慣，甚至讓美國的牛肉銷售量明顯下降，引起畜牧業的抗議。這本書之所以有那麼大的影響力，部分原因來自作者的家世。羅彬斯是美國著名冰品「三一冰淇淋」繼承人，他卻放棄家業，投入心力與資源研究肉類與牛奶對人類健康的威脅。羅彬斯後來還寫了很多本書，持續關注飲食與健康、食物生產與環境永續之間的關係。

然而，羅彬斯的著作之一，一九九八年由琉璃光出版社翻譯引進的《還我健康》（*Reclaiming Our Health*），在台灣就比較少被提起了。

《還我健康》披露的是醫療體系的問題，許多我們視為理所當然的治療方式，其實對健康並沒有幫助，甚至是有害的。在實例與數據舉證歷歷之下，羅彬斯的描述頗能具說服力，讓人深思之餘，也讓我想起「善良的人，在體制裡做著邪惡的事」這句話。

羅彬斯在書裡寫了一則寓言。

某個國家的人民不斷地掉落懸崖，受傷嚴重，醫療機構為此在各地設置了救護車隊，以便使受傷的人接受最新、最現代化的科技治療。為了拯救生命，花再多代價也在所不惜。可是，當有人建議在懸崖設置欄杆防止人民掉落時，許多人忽視，甚至反對。救護車司機不贊同，醫療器材廠商也不同意，醫學界權威人士也說話了：「這問題比大家想像中要複雜，人命這麼重大的事，應該交給專家處理……」

當因特定需求而衍生的事務發展成體制後，最大的特色是會產生許多體制內的層級與標準作業流程。於是，一件事被分割成許許多多瑣碎的程序，交由許多不同階層的人處理，而且一層一層地管理。這些手續淹沒了真正的目的，也讓愈接近現場的人愈沒有權力，實際執行的人無法負責，理論上能夠負責的人卻完全感受不到執行的結果。而這正是善良的人在體制裡做邪惡之事的源由。

羅彬斯主張的是預防醫學。

預防醫學與正統醫學大異其趣之處在於，基本上尊重人類身體原本具有的智慧與能力，把目標放在支持並加強已經在我們體內運行的自癒能力。

當然，確實有那種毫無效果的替代方式，有些甚至謊稱不實療效，但也有許多替代方法確確實實幫助了難以計數的人。遺憾的是，只有極少數人願意針對這些法子進行公平的評估與測試，由於這些方法未經公平審判就被宣稱有罪，也就很難對人類不斷發生的苦難做出更高的貢獻。

當然，羅彬斯並非完全反對西方醫學體系的傳統處理方法，並條列了西方醫學的優點與限制。抄錄他的觀點於下：

一、對腫瘤之處理優於其他各種療法。

二、診療許多緊急狀況。

三、用抗生素治療急性的細菌性感染。

四、醫治某些寄生蟲及黴菌類感染。

五、用疫苗法預防許多傳染病。

六、診斷許多複雜的病症。

七、更換毀壞的股部及膝部。

八、在美容及重建外觀科技上效果良好。

另一方面，羅彬斯也指出了傳統西醫療法即使盡全力也做不好的地方：

一、治療濾過性病毒感染。

二、治療慢性、退化性疾病。

三、有效的處治大部分精神病。

四、治療大部分的過敏及身體免疫反應性的病症。

五、有效處治精神生理相關病症。

六、治療多種形式的癌症。

我非常同意羅彬斯最後的結論，當科技化的醫療已有全套完整療法及設備時，還尋找不確定的另類療法是盲目不理智的錯誤行為，但是若想治療大部分的慢性疾病，最明智的做法應該是改變生活習慣，用預防的原則來要求自己。想要照顧自己的健康，應該靠豐富的健康知識與在生活中身體力行，而不是期待花錢或是全部依賴醫生來救你，自己絲毫不努力。

不亂傳健康養生訊息

年紀愈大，Line 裡關於養生保健的資訊愈多。據統計，點閱率最高與轉傳率最多的就是這類「好心叮嚀」，不管是「名醫推薦」、「神奇效果」、「救命祕方」、「令人驚呆了」……種種聳動又誇大的標題，有時即便知道十之八九是垃圾或假新聞，出於好奇心，還是會點進去看一下，也助長了這類有問題「農場文」的繼續氾濫。

所謂的「農場文」，指的是內容來自「內容農場」網站的文章。這些平台本身不生產內容，專靠寫手提供文章，藉此創造流量，賺取廣告費。點閱率愈高，廣告收入就愈高，那些拼湊文章或轉貼推廣文章的人，也可以從中分到錢。

正因如此，這類文章的創作者根本不管內容正確與否，總之愈誇張，讓人愈害怕或愈驚奇，愈能吸引人看並分享給親朋好友，導致這類文章往往是二、三分真實加上七、八分虛構，或是故意扭曲、斷章取義，尤其喜歡擅自掛上名人或名醫的抬頭，吸引注意力。

對一般人來說，要破解這類偽養生資訊並不容易。從人類的演化歷程角度來看，大腦的先天設定本來就會對有害事物採取「寧可信其有」的態度，因此我們一定要用後天的理智（克服先天的情感）分析這類訊息。此外，在未求證之前，針對那些沒有署名作者與出處，你也無法判斷真假的訊息，不要再分享出去。

當然，假如我們懷有願盡一己之力改變社會的理想，還可以多做一點。比如對於那些也許會「危害人間」的內容，可以委婉提醒傳訊息來的朋友，能夠的話，順便澄清一下這則假新聞，相關專家或官方網站往往早已破解了這類偽健康消息。

蠻有趣的是，愈沒有基本科學認知的人，愈常把科技當成信仰在崇拜，也特別容易被偽科學欺騙。他們不了解科學的發明或進展是來自一大群科學家既漫長又緩慢的集體努力，又因為完全不懂生活中無所不在的科技產品之運作原理，只要有人套用一些似乎很炫的科學名詞，就會信以為真。

物理學教授羅伯．派克列（Robert Park）舉了七個分辨偽科學的方法，還蠻實用的：

一、發現者將研究結果直接訴諸媒體。
二、發現者表示有龐大的既有勢力企圖打擊其成果。
三、發現者提出的科學效應總是非常不易測得。
四、發現者提出的證據不合乎科學程序。
五、發現者的主張來自於已經延續了幾百年的信仰。
六、發現者獨立進行研究。
七、發現者必須提出新的自然定律才能解釋其研究成果。

「偽科學」最大宗的來源是抗老、美容、養生類的產品宣傳，當大批大批戰後嬰兒潮世代邁入高齡，手頭既寬裕又渴求健康的他們，自然形成了龐大的商機。

事實上，講到健康、養生、抗老，真正有效的就是人人耳熟能詳的老生常談——吃得正確、睡得好、多運動、多動腦、多交朋友，由於做起來很累又麻煩，大家都希望買顆仙丹，吞下去醒來就變年輕，落得輕鬆。

美國長壽研究中心創辦人羅伯．巴特（Robert Butler）甚至直接挑明：「多數營養補充品只是在製造昂貴的尿液。」花了錢，沒效果也就算了，要是反而增加身體的負擔，那更糟。

有人說「科學是一則冗長的故事」，媒體報導卻宛如閃光燈一閃，只能記載片段，既沒有前因，也沒有附帶條件，所以一定是不周全甚至有問題的。更何況，我們或許永遠無法得知該則新聞報導的背後動機、無法確認提供報導素材的研究由哪個機構或廠商贊助，又是如何設計研究方法、如何選擇研究樣本……

我的看法是永遠不要相信單一研究、單一報導。科學真的是一則很冗長的故事，科學的進展更來自點點滴滴的發現與驗證，只有當很多個國家、不同研究單位、不同設計方法，所有研究都指向同一個結果時，才可以暫且相信那個結論。之所以說「暫且」，是因為在科學研究上沒有真理，所有的結論都應該只是暫時的，我們必須保持謙虛的態度，承認該結論是到目前為止最接近真相的。

西醫寫疾病診斷書時，同樣保有這種謙虛。診斷病名前我們會寫 R/O，也就是 Rule out 的縮寫，意思是「排除」，排除這種病。也就是目前找到最後尚未排除的可能性。

以醫學研究來講，一個可被接受的研究一定要有對照組，一組接受某種治療，另一組接受安慰劑。所有實驗也必須採用「雙盲」的嚴格標準，意指接受治療的患者與醫生，雙方都不知道自己是屬於被實驗組還是對照組。以如此方式進行，才能獲得有價值的實驗結果。

近年醫學界推動所謂的實證醫學，也就是採取的手術與治療方式不能只是理論上有用，還必須有大量的臨床病例予以支撐。比方說，你認為採取這種方式治療有六成改善效果，假如同樣病情但沒用這種方式治療也有六成改善效果呢？或用其他方法卻有七成改善呢？

由於正規的醫學臨床實驗費時又費錢，很多被媒體報導的醫療研究大多只是觀察流行病學，也就是找出疾病與環境或行為之間彼此的相關性。這種研究只需要問卷、電話和電腦，既方便又簡單，但問題也出在這，不管是問卷本身的設計、答題者的個人偏好與習慣……很多因素都沒辦法標準化與控制，所以這類研究只要隨便看看就好，不用當真。

另外，媒體經常報導「據研究，吃某種東西後，會增加或減少某種疾病百分之二十或三十的機率」。這種報導基本上完全不需要理會，除非是很巨大的差異，比如說抽菸會得肺癌的機率是不抽菸的三十倍，差距如此之大，這種觀察流行病學的統計才需要注意。

如果統計數據的差異雖然不是那麼大，但是相關調查在其他研究（記住，永遠不要相信單一的研究結論）都有同樣結果，或是該研究在動物實驗中找到了可能的生理機轉，那才可以暫且相信。

PART 3

健康的生活

老後兩代同垮與貧困世代

自二〇一八年七月起，退休軍公教人士的退休金開始減少，雖然正式施行前大家心裡都已有譜，真正發生後，仍然相當感慨。

受影響的當然不只領退休金的軍公教人士，還包括他們的家人，以及逐漸擴及的社會各行各業，尤其是普羅大眾的生活消費店家。這些被削減的支出原本絕大部分都是在社會上流轉，二〇〇八年金融海嘯後，政府曾經發行消費券，鼓勵大家以消費活絡經濟，如今少了這些軍公教的日常生活「小確幸」，又會產生哪些連鎖反應呢？

我住的老舊社區就有不少軍公教退休人士，社區裡有家小小的家庭理髮店最近很容易預約，老闆娘說，很多人原本固定每個月理一次頭髮，現在變成一個半月甚至兩個月才光顧一次。

一旦對未來沒有信心，消費自然趨向保守，社會的經濟活力也會降低，尤其當許多上班族慢慢退休，只靠個人儲蓄與退休年金過活時，當然就會更在乎物品的價格。

日本比台灣早很多年進入高齡社會，雖然他們已經很用心面對與因應，由於國家經濟整體的停滯，使得即便是準備充分、個性又超嚴謹與龜毛的大和民族，還是出現了許多貧困的老人與年輕人，也出現了許多匪夷所思的犯罪案件，比如有許多孩子與老人為了填飽肚子而偷竊食物並被捕。現在是二十一世紀啊！富足又有多層社會安全網的日本竟然發生這種事，真令人難以想像。

日本公共電視拍攝了一部紀錄片，探討老後兩代同垮的問題。

日本的年輕人薪資長期停滯，即將退休的中壯年或已退休的戰後嬰兒潮世代，若想倚靠子女比自己更低的收入，恐將拖垮子女，步入兩代同垮的悲劇；若是年齡已近中年、並在社會經濟成長階段開始工作的上班族，原本應有機會累積些老本，讓自己安享退休生活，卻因為孩子們沒有好的工作機會，反過來要動用自己的老本來支援孩子，最後也會步入兩代同垮的境地。

原本我以為日本的老人年金很優渥，紀錄片卻報導，日本有高達六百萬的獨居老人，身體健康尚佳時也許生活隨心所欲，快樂自在，一旦生了病需要仰賴他人幫忙就麻煩了，許多光靠年金生活的老人根本無力負擔醫療與照護的需求。

日本有數量相當龐大、從年輕就繭居不願找工作的年輕人，也有不少中壯年人士在失業後找不到工作因而繭居，家人既不願家醜外揚，也拒絕尋求社會援助，一年又一年，拖跨整個家庭經濟，兩代同垮。

沒有工作，或者沒有高薪的工作，退休後的年金就非常有限。日本人寫的《貧困世代》書中數字讓我嚇了一跳，以為自己看錯（因為不懂日文，懷疑是不是譯者譯錯，但覺得譯錯的可能性很低），現把數據如實抄錄於下：「如果以一個一般收入的上班族來看，工作四十年的平均年收入約四百五十萬日圓（也就是月薪平均三十八萬元），那麼厚生年金一年需繳交一百二十萬日圓，而國民年金一年繳交七十八萬日圓，合計每年要交一百九十八萬日圓，平均每一個月繳十六萬五千元，而這十六萬五千元，就是他退休後每個月可以領到的年金收入。」

月薪三十八萬元，卻要繳十六萬元的年金，實拿二十一萬五千日圓，這是有正職工作的人。若是計時打工族呢？那些非正職的派遣員工，恐怕在工作時根本無力繳交年金，退休後就沒有辦法領取足以正常生活的年金。

書裡還有另一組數字，身為中產階級的大學年輕老師，收入原本是每月三十萬日圓左右，扣掉繳交年金，每個月實拿薪水為十八萬日圓，扣掉每個月要還約四萬日圓的助學貸款，能支用的錢只剩下十四萬日圓，不僅連和朋友喝個小酒、聚餐都必須猶豫再三，怎麼還有餘力交男女朋友、結婚成家呢？

連中產階級的代表，最安穩的大學情況都是如此，社會上其他行業怎麼辦？日本社會的薪水停滯，學費與房租卻高漲。《貧困世代》的作者強調，即便生活得很節儉，開銷還是很大，將年輕人的自由生活權利剝奪殆盡。而當年輕人沒有希望，會不會拖垮上一代？

不久後的台灣，「兩代同垮」的困境將比日本更嚴重，前述日本年輕人與中年上班族的困境，台灣同樣有。如今日本與台灣面對的超高齡社會可謂前所未有，醫院走一遭，所見幾乎都是高齡照顧高齡的狀況，五、六十歲的中高齡照顧八、九十歲的長輩，這些醫療照護的社會成本與家庭負擔，是過去年輕型、成長中的社會無法預估的。

中壯年是三明治時期，上有高齡需要照護的長輩，下有沒有理想工作與未來的子女，該如何善加利用自身有限的資源，安頓好自己，並提供家人適當的支援，成了我們這一代無可逃避的課題。

熟齡更該玩藝術

這些年台灣很多景點與公共空間都變得很有氣質，街頭藝人的進駐讓這些空間時不時傳出悠揚的樂聲與鼓掌聲，不論是樂器演奏還是技藝表演，五花八門，熱鬧又有趣，成為現代都會裡一道美麗的風景。

碰上街頭藝人，要是沒有趕赴邀約的時間壓力，我都會駐足欣賞片刻，在打賞箱留下一點點心意，感謝他們為社會增添的美好氛圍。

有趣的是，我在臉書上看到，陸陸續續不少朋友在退休後報考街頭藝人執照，有人做草編藝術，有人彈吉他唱民謠，有人變魔術、畫畫、寫書法，各式各樣。這些朋友並不是為了打賞的小費，而是想用好玩的心情分享自己的技藝，也趁機交些朋友，一邊觀看街上流動的風景，也讓自己成為風景的一部分。

不過，想成為街頭藝人還是得有兩把刷子，起碼要先考到證照，然後要有勇氣站上街頭，獨自面對陌生又流動的群眾，還真不是一般人都做得到。倒是我身邊幾乎所有朋友都在工作壓力降低、孩子大了以後，重拾年少時的興趣或夢想，開始學習某些技藝，其中又以藝術創作為主流。

的確，據研究，藝術創作是解放因為長期被社會責任而束縛的心靈枷鎖最好的方法，不管是音樂、電影、文學、戲劇、舞蹈、表演、美術、書法、傳統技藝……都能發揮創意，還有作品可以分享，對於尋找生命意義、重建價值，具有很棒的精神療癒效果。學習過程中還能認識許多同好，這種沒有職場利害關係的友誼，也是豐富生命、帶來幸福感的重要元素之一。

除了社區大學、各種社教機構的定期開課，兩廳院從二〇一五年開始針對五十五歲以上的樂齡大眾，推出了玩劇、玩聲、玩舞等一系列工作坊，並舉辦體驗活動，分享座談，甚至讓學員粉墨登場上台演出。截至二〇一九年，已有超過五千人參與該計畫，這些願意鼓起勇氣參加工作坊並上台表演的朋友，也都從戲劇演出中看到了深埋內心的自我。

事實上在精神治療領域裡，表演治療是很重要的治療方法之一，能讓參與者在演出過程中回顧或統整過去的生命經驗。

除了表演藝術，不管是手作、美勞、繪畫、陶藝，所有的藝術創作幾乎都可以引發精神自癒力的正向效果。藝術是一種超越語言的力量，過往在工作中被壓抑或人際互動挫折的傷痕，都能在創作過程中獲得紓解、得到撫慰。

而在各種藝術創作中，繪畫是最容易入門的一項，需要用到的工具也最少、最便宜，從家裡原本就有的鉛筆即能開始。畫畫不但可以排遣一個人獨自在家的寂寞，對大腦而言，畫畫更是一種主動的認知訓練，能有效預防與延緩失智症。

如果擔心自己手腳不夠靈活，耳不聰眼又不太明，不敢報名參加這類藝術創作課程，那也沒關係，現在坊間有不少活動會先從藝術欣賞開始，一步步慢慢引導你，讓你用自己熟悉或有把握的方式來創造。比如朋友這兩年積極推動熟齡讀繪本，成立「後青春繪本館」，在全台灣推動「用繪本陪伴長者」服務，結合了說故事、身體律動、手作和歌唱，讓繪本不再只是靜態的讀物，也成為陪伴長者的媒介與方法，藉由共讀與彼此分享的過程，活化大腦且療癒心靈。

新光人壽基金會則在十年前就從美國引進了傳承藝術專案，至今已培訓一百多位專業講師，可以訓練志工進入各種照顧機構中陪伴長輩。傳承藝術的課程形式有很多種，通常一期十二次，每周進行一次兩小時的活動。在志工的引導下，長者會透過素描、繪畫、拼貼等各種藝術形式或搭配短短的文字描述，完成一本屬於自己的「生命故事書」。

不管哪一種方式的藝術創作，是否能夠完成富有技巧又厲害的作品並不重要，重要的是利用藝術這個媒介，與自己及與他人互動，並在快樂分享之中，深刻體會這輩子是一趟值得的生命旅程。

找雙好鞋上路去

前陣子到南部演講，接送我來回高鐵站的朋友忽然說：「你們台北人都比較瘦！」

「咦?!」我好奇他為什麼有如此感覺。

「因為你們台北人都搭捷運，上上下下走樓梯，然後從捷運站到目的地也會走一段路，不像我們到哪兒都開車或騎摩托車直達門口，根本就沒有機會走路。」

想一想的確是如此。在東京或巴黎習慣搭乘大眾運輸工具通勤的人，身材似乎都比較纖細些。這些年除了走路上下班，為了健康目的的走路同樣蔚為風潮，甚至進階成為休閒或心靈層次的走路。

的確，行走可以是散步、漫遊、晃蕩的休閒，也可以是實用性地從一個地方到另一個地方求生存的拓荒；更可以是從養生到心靈禪修的方式。宗教的虔敬者以沿街托缽，甚至幾跪幾叩的苦行，化身為暮鼓晨鐘，敲醒世人。

自古以來，僧侶有種修行功課就稱為「經行」，不斷地走路，有意識地藉由走路靜下心，進而觀照全身。澳洲原住民從遠古至今，足跡穿梭於廣漠的大地，編織成夢的路徑，並經由記誦吟唱夢的歌聲，找到自己與腳下土地的位置。

自從十年前來自比利時的朋友巴特用電腦秀出他花費數十天徒步行走的西班牙聖雅各朝聖之旅後，聖雅各就成了我等待中的夢幻之旅。這些年和周邊好友一起蝸行台灣，漫遊台灣的步道後，一些世界知名的朝聖步道更讓我們朝思暮想，除了從歐洲各地前往西班牙西北邊聖雅各大教堂的聖雅各之路，還有一千多公里的日本四國遍路八十八間寺廟之旅。

前些年我們真的去走了遍路，不過因為時間關係，無法空出五十多天，只去了頭幾間寺廟和最後幾間寺廟，也算一種有始有終！

四國遍路主要是追隨日本平安時代的空海大師（又稱弘法大師，是唐朝時到中國長安留學的學問僧）的足跡，八十八間廟大致繞著四國島一圈，位於四個縣內，因此被分為四個道場。第一間廟從面對鳴門海峽的靈山寺起，稱為發心之道場，高知縣稱為修行的道場，愛媛縣是菩薩的道場，最後幾間寺廟在香川縣，稱為涅槃的道場。起始站靈山寺有賣朝聖專用的斗笠、白衣服、白書包及手杖，長達一千多公里的步道上，隨時隨處都有穿著全套衣物的人。

聖雅各之路和其他聖地不同之處，或許則來自它自古就宣稱的神奇療癒功能，九百年前出版的《聖雅各朝聖指南》就已列出了不同路徑具有不同的療效。

在古代，朝聖是一件非常辛苦與危險的事，但人們還是要朝聖。大多數人是為了表明虔誠的信仰，但也有些犯下重大錯誤的人是為了贖罪，還有些人是為了生病的家人或朋友祈求神的祝福。

到了現代，踏上朝聖之旅的人不見得是因為宗教因素，而是為了追求一場心靈的療癒之旅，我相信也有些人單純只是為了走路，長時間的走路。

長途健行是非常吸引人的，不趕行程，就是為了走路而走，何時抵達目的地都無所謂，甚至根本沒有目的地，完完全全就是我夢想中的奇幻旅程。

從小至今，我一直都很喜歡走路，走路的感覺很踏實，也是有意識的行為之中，和呼吸、心跳等無意識的身體韻動最接近的。也因此，走路雖然屬於生理上的動作，卻可以從中激發出心靈的思維與領悟。

除了這種長時間的步行，也有人遵照專家建議，力行一天走一萬步的健康生活。這時千萬記得選雙舒適的好鞋子，雙腳承受著我們全身的重量，若穿了雙不合腳的鞋子，除了足部會受傷，甚至還會影響膝關節、髖關節或下背痛。

一雙走路的好鞋，首先當然不能是高跟鞋，也不要用太軟的鞋墊，太軟的話支撐力不夠，會造成壓力不均。鞋跟的部分要有適當的足跟墊，尤其年紀愈大，足跟的脂肪萎縮，失去了避震和緩衝功能。容納腳趾部分的鞋子楦頭也要大一點，腳趾頭才能舒適地伸展。

另有專家建議，買鞋最好在下午或晚上，因為從早上站著或走到晚上時，全身的血液淋巴比較容易集中到腳底，也就是說，這時候腳比較浮腫，挑選鞋子時會選稍微大一點點，穿起來比較舒服。試穿時，兩腳都要試，很多人的腳左右大小不一，挑鞋時以大的那隻腳為準，並記得穿上平常戶外活動時會穿的襪子去試穿。綁好鞋帶後，確定腳趾都能充分自由活動為準。

鞋底同樣有學問，前三分之一要柔軟容易彎曲，以保護細長的蹠骨；後面三分之二要堅硬牢固，才能完整含住腳跟與阿基里斯腱，吸收腳踩地的衝擊力道，因此鞋子前三分之一應該可以用手輕鬆翻折，中段以後卻需要硬到無法扳折。

專家同樣建議，最好能買三到四雙走路鞋每天替換著穿，因為穿不同鞋子時，肌肉的施力方式與角度也會不同，換著穿能讓腳部不同的跟腱肌肉休息，不至於因過勞而受傷。

在這個時代，走路通常本身就是目的，若為了工作或辦事，我們會以交通工具來達到效率的要求。一旦穿上了走路鞋往郊外走，找到步道後，步道就不再是「過度」了，從一條步道到另一條步道，永遠身處自然野地。從一間旅舍到下一間旅舍，從一棟山屋到另一棟山屋，沒有一晚睡在同一張床上，這些室內空間只是暫歇的過度，讓我們能在醒來後繼續走在大自然之中。

因為沒有目的地，總是在走，所以時間不再重要，日子也更加悠長。不斷走路，不再心懷功利與期待，只是走著，慢慢地，天地間會有股溫柔的力量擁抱著我們，只要走路，不斷地前進。

就像法國哲學家盧梭（Jean-Jacques Rousseau）在《懺悔錄》裡寫著：

「我喜歡隨心所欲地走路，隨處暫停稍歇。這種漂泊是我需要的生活。天色美好在優美的景致中不疾不徐，一步一腳印地走路，邁向旅途盡頭某個宜人的事物；在所有的生活方式中，就這種方式最討我歡喜。」

是的，在追求迅速的時代裡，許多人開始警覺，「慢下來」能讓我們的心靈、精神或生理都更健康，也發現步調慢一點，才能感受多一點、體會多一點、享受也多一點。

找雙好鞋，上路去吧！

說好一起變老

「任何你還想保留的，你所擁有的一切，有一天都得給出，因此現在就給吧！」這段話是黎巴嫩詩人紀伯倫（Jubran Khalil Jubran）寫在《先知》這本書裡的，他所指的是分享、是慷慨、是行善，若換成我們對生活的態度與人生的選擇，同樣是很好的提醒——與其被動接受命運的安排，不如早點預先規劃與準備！

走過青壯年，很多事情都和以前不一樣了，除了精神和體力，價值觀也逐漸改變。對如今正進入熟齡的我們這個世代來說，社會本身也急遽變化著，很多我們以為必然之事，其實已不再如此，比如「永久地址」與「老家」的概念，就將成為消失的記憶。

住在一代傳一代的老家或祖厝，期待在自己出生成長的房子終老，對大多數人來說恐怕已成虛幻的夢想。而我們一旦了解且接受這個事實，也就能主動選擇與規劃自己在不同生命階段的居住空間。

我覺得最精彩與擁有各種可能的階段，是從職場退休或半退休，大概六十來歲，直到八、九十歲臥病在床必須接受長期照護為止，假如這中間有二、三十年沒有太大的經濟壓力，身體尚屬健康有活力，或許就可以透過居住地方的規劃，實現自己的夢想或活出精彩有意義的人生。

而在這之中，和志同道合的好朋友一起居住的想法與規劃，引起了非常多共鳴。

我在二〇一四年八月《遠見》雜誌拍攝的「李偉文的退休進行式」紀錄片中提到了這概念，近幾年在演講場合中至少遇到數十次聽眾的詢問，也有三十多個媒體（包括中國大陸的媒體）針對此主題進行專訪。

詢問度這麼高，表示大家認可（甚至羨慕、嚮往）這麼做；但之所以會詢問，也表示大家認為不太容易做得到。

在資深主播李四端主持的節目「大雲時堂」上，他也針對該主題進行了訪問，並找了幾位期待共住的「蝸居」伙伴一起上節目。

節目中，主持人首先詢問大家為何選擇和朋友住而不是家人？孩子會不會有意見？

孩子目前都在國外讀大學的陳建霖與葉曉琪賢伉儷，對此問題的想法並不相同。建霖一直很想和兒子同住，嚮往大家庭的和樂氣氛，多年來到處去看能容納公婆與兒媳一起住的大坪數房子。不料兒子卻婉轉對他說，他交往的女朋友沒有一個想和公婆一起住。曉琪倒是很篤定，她想當個好婆婆，所以不想和媳婦一起住，免得因作息、生活習慣不同而打壞感情。

即便親子之間相當親密，一起住都不見得會是好選擇，更何況現在有許多人根本沒結婚或沒孩子，完全不會面臨退休後要不要和孩子同住一個屋簷的問題。

我的想法是，父母與孩子都是獨立的個體，彼此有各自的人生，獨立的基本條件就是生活起居自己照料、自己負責，分開住就是最好的開始。至於是不是住在附近，或應善用現代通訊科技予以協助，都可以考慮。據我觀察，父母與已成年兒女住一起，摩擦反而會增加，不見得會增加親密感。

接著，主持人對於朋友住一起會不會吵架或爭執，或因不同意見而鬧翻等假設性問題也相當關切。

事實上，我們所謂的退休共老、共住，不是像學生時代的室友一樣住在同一個屋簷下，而是彼此仍然擁有獨門獨戶的獨立空間，好朋友就住左鄰右舍，樓上樓下，或是同一個社區。

換言之，主持人擔心的摩擦爭執並不會發生，反而能夠避免隔壁不小心住了個變態或總是看我們不順眼、精神有問題的惡鄰居。古人有云「遠親不如近鄰」，又說「千金買房，萬金買鄰」，好鄰居比豪宅重要得多，假如可以主動選鄰居，為什麼要碰運氣？

若要換房，且能揪團，找些志同道合的親朋好友一起住在左鄰右舍，絕對好處多多。

當然，就像認識新朋友一樣，我們也可以認識新鄰居，唯一可惜的是，新交往的朋友沒有共同的過往經驗，認識的只是逐漸衰敗中的自己，即便聊天擺龍門陣都少了許多樂趣。

反之，如果是有共同成長經驗，彼此有革命情感的老伙伴、老朋友住附近，那該多好啊！想想看，到了七十多歲，精神體力已不太能經常奔波到三、五十公里外與老友碰面時，生活該有多麼寂寞。五、六十歲時或許體力還好，經常能出門開同學會或到處聚餐，不覺得談得來的朋友就住附近是件多麼值得珍惜的事，但要是我們不趁著還有精神與體力時，把這些事情想好、打點好，到了七十來歲想再做，恐怕就心有餘而真的力不足了。

我相信大家或多或少都知道這些好處，才對這個想法抱持高度興趣。但有哪些技術問題需要解決呢？除了自己買地自己蓋，揪團買建商蓋的老年公寓，還有哪些一起共住變老的好選擇？

或許可以先練習「島內移民」、「島內移居」。不需要貿然賣掉原本居住的房子，先以短期月租的方式，尋找適合的城市與想過的生活。若能揪團，找些志同道合的朋友一起練習移居，更棒。

島內移居正流行

二二八連假應邀前往台東池上的大坡池音樂館演講，順便拜訪了四位原本住同一社區，這些年陸陸續續搬到台東的鄰居好友。這些朋友有的是公務員退休後開民宿，有的是美術老師或電子業轉行當農夫，透過生涯轉換與移居，活得開心又自在。

演講時，幾位意料之外的朋友前來捧場，其中一對年過七十的神仙眷侶從農曆年前「long stay」到三月初，並特地昭告兒子和女兒，除夕和大年初二都不用回老家團聚，放他們年輕夫妻出國旅行。另外幾位朋友則處於半退休狀態，工作之餘，一個月有半個月在台東長住，有的辦活動參與社區營造，有的辦社團，實現理想。

從台東回台北後，有位朋友來找我，說他這半年來每星期都住埔里三天，從台北跳上國光號三個小時就到，買輛二手摩托車就能在山中小城中逍遙閒晃，租個房間一個月不過四千多元，輕輕輕鬆地享受著另一種生活。

看來「島內移居」正逐漸形成風潮！

相對於過去大家退休後想到鄉下或理想的城市買塊地、蓋間別墅，現在大家似乎不再執著於置產了。其實蓋別墅或買房子卻只有假日去住，確實會有問題，每次去都要整理和打掃，反而無法享受度假的悠哉。在我看來，不如省下蓋別墅的錢，想度假就入住鄉間民宿，更自在、更快樂。

所有生物都是依著所屬環境而演化的，人也一樣，因此周遭環境對一個人的影響很大。年輕時我們買房子不是為了工作的交通考量，就是為了孩子受教育，一旦當初住的地方已不符合不同生命階段的需求，主動更換居住空間或城市，就是讓自己重新尋回活力的最有效良方。

最近愈來愈多單身未婚的熟年朋友或已退休的朋友在孩子成家獨立之後，賣掉原本都市的房子，搬回鄉下老家，或是前往心儀的鄉鎮買地構築理想的房子，展開全新的生活。

這些朋友中，有的人已有足夠養老的經濟條件，新宅單純是實現夢想的一環；有的人經營民宿，除了貼補生活開銷，還能認識來自各地的新朋友；體力尚佳的人則變成真正的農夫或農婦，種植有機農作物，自己養生之外，也透過郵購分享給城市裡的朋友。

眼看已有十多位好友身體力行，換個城市過起「第二人生」，其餘已經走過青壯年但仍在工作尚未退休，或者孩子還沒離家獨立的朋友，心也癢癢的，都想著過些年退休後該如何安排？若不想離開自己從小成長的社區，還有沒有變通的方法？

最簡單也最容易的，就是邀約三五好友拿出暫時還用不到的閒錢，一起到大家心儀、離所住地不遠的地方買度假套房，以台北市來說，宜蘭、桃園、新竹、苗栗山區都有很適合的休閒度假或養生村，一周住個二、三天，以漸進無壓力的方式準備退休生活。

也有朋友在鄉下老家的土地上蓋起十來間獨棟小集村，除了供自己散居不同城市的兄弟姊妹假日居住，多的就賣給需要的好友。

除了這些不同形式的主動更換住宅，享受退休生活還有另一種很棒的方式，能讓不想添麻煩買房子搬家的人仍有機會換個城市過日子，那就是前往各大學城遊學旅居。

這幾年全世界的大學過度膨脹，除了少數頂尖學府或位於首都圈的大學招生情況尚可，許多二、三線城市或社區型大學都面臨招生不足的困境，在台灣尤其嚴重。

大學過多，再加上人類歷史上第一次出現如此大量的熟齡退休人口——這些二戰後出生的人大多受過完整教育，並在經濟起飛的背景中踏入社會工作，基本上都累積了一些金錢——若能讓這群樂於求知的樂齡人士重回校園，將成為一個全新的商機。

通常來說，大學校園腹地夠大，國外更有許多以學校為中心形成的大學城，若在風光明媚且相對安全的校園裡，重新改裝學生宿舍，變成適合夫妻一起入住的大型套房，一定會吸引許多人慕名而來，落腳嚮往的城市，再次回到大學修習學分，讀上一學期、住個三個月。

一星期也許只修幾堂課，其他時間就在該城市或國家旅遊，並受益於正規學生的身分，參加校內社團與年輕朋友互動，正如現在正流行的「青銀共居」，一方面讓銀髮族增添活力，一方面也可以把人生經驗傳承給年輕世代。

青銀共居創造雙贏

這兩年每個月我固定接受教育廣播電台資深主持人兼老友常玉慧的採訪，她覺得我們家出國旅行時會順便參觀老人院與銀髮養護所這件事很有趣，希望在節目裡談一談這種讓大學生與銀髮族一起住的制度，這是很多國家都開始推動的一種社會新創模式，台灣稱為「青銀共居」。

目前台灣六個直轄市中，除了高雄，其餘五都都已在積極規劃青銀共居。台北市更是率先試辦，開放陽明老人公寓讓文化大學的學生申請入住，條件是每個月陪伴老人二十小時，就能以低於行情許多的每月三千元房租入住獨立套房。

這種模式師法於荷蘭老城代芬特爾（Deventer）的銀髮養護所，此地的老人社區因為首創大學生與銀髮族共居而在全世界聲名大噪。他們徵選了一批大學生免費入住老人公寓與銀髮族當鄰居，唯一規定是每個月要陪伴老人家三十個小時。

請教他們三十個小時這數字何來？安養機構的「生活設計師」回答：「我們估算一般學生宿舍每個月的房租是三百歐元，假設當一個小時好鄰居可以獲得十歐元，每個月就需要三十個小時。」

不過，這條唯一的規定並沒有細項與要求，也不要求打卡點名，他們相信只要把學生打散在每一層樓，學生們就會和同一層樓的銀髮族鄰居變成麻吉。

女兒B寶敏銳地發現，「生活設計師」一直用「當好鄰居」來形容入住的大學生，開口詢問：「為何不用當志工、打工換宿或是公益旅行這些大學生比較容易了解也流行的字眼，反而創造『當好鄰居』這種說法呢？」

好問題果然讓我們學到了一個很好的答案——「如果說是當志工或打工，那就破壞本意了。志工或打工都是一份工作清單，做完了其中一項就可以打個勾。但如果是鄰居，那就難了。你只要住在這裡，無時無刻都是鄰居，沒有工作清單可以遵循。」

仔細想想，這不正是社會與生活的原始模樣嗎？各種團體創立時的團結互助初心，不也是從關心周遭開始？

相信學生們會用自己的方式，每個月當三十個小時以上的好鄰居，而不是僵化地檢查每個人當好鄰居的狀況，既沒有按表操課的必做清單，也沒有一欄又一欄待填寫的工作日誌，也許正是代芬特爾成功的關鍵。

青銀共居的老人公寓、社會住宅，或者各種養老院，之所以獲得各國仿效，原因就是不管對年輕人或老人家而言，都有很大的好處，就整個社會的價值來說，這種跨世代的共同生活也能增進彼此的了解。

年輕人可以學到很多東西、聽到很多故事，就像電影《高年級實習生》所描述的，歷經滄桑的長輩所洞悉的人情世故、對人性的理解，絕對能夠幫助年輕人。當然，年輕人能帶給長者更多活力、更多刺激與學習，對他們的身體與心理健康大有助益，甚至對於活化大腦、預防或減緩失智症也有效果。

參訪結束，好奇詢問為我們導覽的「生活設計師」為什會用這個新創的名詞，而不是一般常見的輔導員或主任。只見他調皮地眨眨眼：「因為真實的生活沒有什麼一定會發生的，所以生活設計師沒有固定要做什麼，每天就四處走動，看看哪裡需要改進，聆聽大家的意見，解決溝通紛爭……」

的確，高齡化社會是人類文明未曾經歷的樣貌，必須以全新的思維，建構全新的生活形態。荷蘭代芬特爾的模式，值得參考。

選擇一個理想的移居城市

樂齡人士在退休後移居如今已成世界潮流。電影《金盞花大酒店》描述的正是好幾位不同工作背景的英國人移居到印度的故事，也常見西歐國家的人領了退休金後移居到生活費比較低廉的南歐。在亞洲，日本銀髮族每年有兩萬多人在地方政府協助下從都市移居到鄉下，自行移居者更是遠遠超過此人數的十數倍。

移居有成功的，也有失敗的，主要關鍵在於不能光靠想像，最好先試住一段時間，看看能否適應當地的天氣、交通，以及其他個人較在乎的生活條件如醫療、人際互動等。如果可能的話，最好多試幾個地方，既方便互相參考，也能列入備案。

最重要的是事先想清楚，移居之後要做什麼？自己想要的生活重心是什麼？移居地是否能夠完成人生最後的夢想追求？

換個地方住，應該是為了給人生帶來更豐富的感受與學習機會，而不是藉機逃避原本生活的煩惱或困境。

不順遂時我們往往想脫離一切，旅行是最簡單的方法，假如旅行的強度還不夠，我們就會想換個環境，重新開始。然而，太多人的親身經驗歷歷在目，若不正視問題的根源，搬到哪裡的結果都一樣。

雖然我們身邊多少都有討厭城市生活、對鄉村或充滿綠意的田園景致懷抱浪漫想像的人，但哈佛大學經濟學教授格雷瑟（Edward Glaeser）寫的《城市的勝利》（*Triumph of the City*）以豐富的資料與證據，研究範圍遍及全球並跨越歷史，包括了成熟的歐美都市與新興發展國家的城市，做出以下總體結論——不管在已開發或開發中國家，相較於鄉村，城市能使我們更富庶、更聰慧、更環保、更健康和更幸福。

當然，年輕時為了工作或孩子受教育，大多數人不得不往都市移動，一旦這兩個需求消失，有些人就會開始思考何謂理想的住家環境？

選擇居住的空間不只代表我們的審美觀，還隱含了我們對於某種生活方式的偏好，也傳遞了我們心中對於美好人生的想像。更弔詭的是，一個人或一個社會，甚至整個時代所追求的審美觀，往往是該社會所欠缺的價值，因為我們總會尋找外在東西來彌補精神或心靈欠缺的那一部分。

這或許就是許多人憧憬落腳鄉野的原因吧？自然生命已從我們的居住空間消失了，我們的周圍擠滿了人，我們卻與這些人毫無關係，所以想回到那種與左鄰右舍彼此相熟的古老生活。

然而，我們也必須和本雅明一樣覺悟：「人直接面對自然的時代，可能已永遠過去了。」我們只能在現有的都市裡，建構一個屬於自己的幸福城市。

大作家普魯斯特（Marcel Proust）希望「住在所愛的人附近，有迷人的自然景致，許多書和音樂，離劇院不遠」。詩人波赫士（Jorge Luis Borges）的要求比較簡單，「想像天堂是圖書館的模樣」。

我想像的幸福都市是個人與人比較友善、文化多元、生活步調較慢的地方，因此城市裡要有許多富含人情味的公共空間，比如說街角的小公園、騎樓、人行道與咖啡館，讓人可以隨時駐足、停留。這座城市也會是個文化空間，能夠留下過去的歷史，讓我們的記憶得以延續。最重要的是，一個能讓人覺得美好的城市一定要是活生生、充滿生命力的，在人造建築中保留些許植物與生物生存的空間，才是一個符合人性的空間。

大導演伍迪．艾倫曾說：「普遍來說，人們都不太喜歡他們所處的年代，總認為他們活在一個糟糕的時間點，因為現實是最難搞的，連高更（Paul Gauguin）都想搬到大溪地。如果我搬到麻州的葡萄園或巴黎，就會過得快樂一點嗎？這是永遠存在的大哉問。真相是——我們永遠在給自己找麻煩。有些人試著到新地點生活，但就算這麼做，還是無法改變什麼的。」

是的，唯有擁有「此時」就是最好的時刻，「此地」就是最好之地的信心，移居生活才會帶給我們真正的快樂與平安。

談談帶長輩看病這件事

根據統計，即便不是特別罹患某種急性疾病或意外，許多高齡長輩的健康狀況原本也許好好的，卻會忽然在幾個星期內急轉直下，變得非常衰弱且失能。若未與長輩同住或住不同城市，除了常打電話勤加問候，還是要多多抽出時間，至少每個月見父母一次面。

前文化部長龍應台住在香港時，每兩星期一定回屏東鄉下陪媽媽，持續經年。後來覺得媽媽真的老了，毅然決然放下一切，搬回屏東和媽媽同住。

若有機會回老家陪伴父母，難免想幫他們整理堆積如山的物品。然而，有許多我們覺得是垃圾、該回收的東西，在未取得他們同意前，千萬不要隨便扔掉，應多體貼他們的心情。隨著年紀愈大，身邊許多曾經珍惜與擁有的事物都不斷失去，包括失去親友及健康時的那種失落與惶恐，旁人不易體會，若他們想用物品填補內心的空虛或在恐懼中有所依附時，千萬不要殘酷地說：「這些東西你以後根本用不到。」

父母的身體除了看得到的病痛，還有許多是他們不想講，或者怕我們擔心的不舒服，建議在生日時送他們高階的健康檢查當禮物，這樣一來就可以名正言順地問：「健檢報告出來了嗎？」趁機掌握他們的健康狀況，並在共同討論健檢數據時進一步了解那些隱而未宣的病痛。

長輩和任何年齡層的人一樣，分為兩種。一種是有不舒服卻不肯講，隱瞞病情一直拖著，另一種是常常抱怨這裡痛那裡痛，檢查或治療卻始終無法改善。身為子女，對這兩種極端狀況都要準備妥善的應對方式。

陪伴長輩前往醫院就診時，除了檢驗數據提供醫生參考，病人自訴病情進展也很重要。由於疼痛的描述非常主觀，而且外在檢查不出來、醫生也看不到，所以我們能提供給醫生的訊息顯得特別重要，能幫助醫生在多種可能的病因中理出頭緒，比較有機會做出正確的診斷。

前往醫院前最好做好以下幾點紀錄：

第一，痛了多久？是昨天開始，還是已經一個星期或更久？

第二，每次從哪裡開始痛？然後哪些地方連帶也會痛？

第三，每次痛會持續幾分鐘？一直痛，還是痛一陣子好一些，然後又痛？一天會痛幾次？還是多少天痛一次？有沒有注意到在什麼情況下會引起疼痛？

第四，是哪一種痛？是悶悶地痛；還是像針刺到的痛？還是像電到一樣？

第五，很痛，還是普通痛？

第六，在這次看病以前曾經有這樣的痛過嗎？是幾個星期、幾個月或幾年前？那時候有去治療嗎？還是這次是第一次這樣痛法？

要想完整回答以上六個問題，在家時就必須先仔細觀察，並在紙上記錄，不然到了診間，若是病人很多，醫生問診時間有限，或是一下子想不起來、說不完整，醫生只能根據有限資料，甚至是「錯誤的揣測」診斷，無法藥到病除，對雙方來說都只是浪費時間、耽誤病情地一次又一次嘗試錯誤，非常可惜。若有明確紀錄，無法陪伴長輩前往醫院時，也可以由看護轉交給醫生。

假如住在不同城市，實在無法常常陪伴長輩前往醫院，現在還有自費陪診服務。

許多老人家慢性病多，常有就診需求，但孩子忙或不在身邊，無法陪伴。

近年有業者推出各種付費服務，包括接送老人家前往醫院看病、檢查或治療，當然也包括代為批價和領藥，也可以幫忙寫下醫生的囑咐或藥師提供的用藥注意事項，讓無法陪診的家人能夠掌握父母的就醫狀況。

這種按小時收費的照顧服務員彌補了近年政府「長期照顧服務法」的不足之處。要申請免費政府補貼提供的照服員須達到一定標準，比如身心失能持續已達或預期達六個月以上的老人家，才是長照法的適用對象，所謂的失能判定也要符合多項標準。對於許多家庭來說，雖然家中的老人家不符合長照法的失能標準，但也確實無法獨自前往醫院看病，而這種新興的自費陪診服務的確方便許多。

除了真人陪伴服務，照護高齡長者也要善加利用科技與人工智慧，遠距照顧的技術發展與運用目前正快速興起。

所謂的「遠距」照護，不見得是指距離非常遙遠，而是指只要出了院、離開了醫院，病人仍然可以透過智慧科技與電子傳輸，讓自己、家人與醫院，隨時得知自己的身體狀況，這就叫做遠距。那些不斷記錄與回傳的數據，比如心電圖、血壓或血糖數值，讓醫生更能掌握病情的變化，一旦偵測到異常數值，智慧科技也會主動通報相關人員，必要時甚至能在病情惡化之初及時救援。

對於偏鄉的健康照護來說，這種醫療用途的遠距智慧科技同樣是相當值得發展的輔助工具，雖然目前的法規因為責任歸屬的問題，尚不允許遠距醫療診斷，但在偵測病情變化方面，這種方式確實能夠提供醫師更多有效資訊，協助治療。

此外，假如我們運氣不錯，長輩還算健康時能陪伴他們，應該趁機了解他們的遺願與遺囑、希望接受的終老方式。

華人通常對這類問題相當敏感，上一代的長輩也不會主動和孩子談，或許可以在一起看電視劇、看新聞，或從別人的遭遇中，把握機會談談。也不必急著一次就追根究柢問清楚，慢慢來，一次談一點，務必讓老人家有心理準備，並給他們充裕的時間慢慢沉澱思考。

要是覺得直接詢問還是很突兀、不太禮貌，也可從吐露自身想法開始——「我希望死後骨灰可以灑在玉山上，因為……」、「假如無法走動必須要人照顧時，我想去住××安養院，朋友說那裡有很多活動，設備也很好……」

另一個方式是透過與父母一同欣賞過往的相片，聊聊溫馨往事，再從早已過世的爺爺、奶奶或親戚朋友面對人生最後階段的不同例子，談談自己希望如何做。在溫暖的回憶中以前人為鏡，和父母好好聊一聊身後事。

善用終活筆記調準生命的焦距

雖然每個人都知道運動很重要，身體健康檢查很重要，也知道意外隨時會發生，應該事先做好準備，以免留下遺憾，但知道是一回事，忙碌的生活讓一天接著一天，總是沒有真正去做這些重要的事。

反而是在癌末的安寧病房裡，許多社工人員與心理治療師會協助我們做好四大人生課題：道謝、道歉、道愛、道別。但若到臨終前才做，也許沒有足夠的時間與機會做完，徒留遺憾。有沒有辦法在日常生活中，確實提醒自己實踐它們呢？

我打算從今年開始，每年空下自己誕生的這一天做幾件事。

首先是在生日當天預約健康檢查。如果每年做，就可以每年挑不同的身體部位，用不同的儀器做檢查，因為許多昂貴的進階檢查不需要年年做，有些侵入性的檢查除非是高危險群，不然也不用每次都做。
等待檢查與檢查過程中會有很多空檔，氣氛情境也蠻適合的，就可以邊想自己這一生或這一年來與周遭親朋好友的關係，然後檢查完回到家時，靜靜寫下自己的待辦清單或重新出發筆記。
為了使思考或回想有個依據，這時可以從身心靈三方面來檢視，問一問自己。
身體的照顧有不足之處嗎？是否該調整某些生活習慣？身體若出了狀況，有人可以協助嗎？準備的退休養老金夠嗎？
如果出了意外，我有留下遺囑嗎？遺囑能夠照顧到所有家人的需求或感受嗎？除了物質的東西，我還有留下什麼精神上的傳家寶物嗎？
最後是問問自己，我這一生快樂嗎？覺得活得有意義嗎？有哪些事情一直想做卻始終沒有去做？
這三個面向也可以從另一個角度來檢視，也就是我們應該做的事、我們能夠做的事，以及我們想做的事。
該做的事對每個人來說都一樣，比如身體失能時希望接受的醫療照顧方式，要不要接受插管等延命醫療，財產和遺產的繼承方式，葬禮方式的選擇等等。能夠做到的事與想做的事，依據每個人的個性和條件，差異應該會很大，而這幾年已經出了非常多的書，可以協助我們深入思考這方面的問題。由於高齡化社會已成全球趨勢，人類歷史上從來沒有出現過這麼大數量與高比率的高齡人口，許多新產品與新觀念早已應運而生。

前幾年有一部日本紀錄片《多桑的待辦事項》，內容描述一位因病只剩半年生命的人，如何安排臨終前的生活，並且一一完成了想做卻未完成的事。片中主角就是導演的父親。因為這部紀錄片的關係，日本書店現在都設有專櫃，專門陳列各式各樣或簡單或豪華的臨終筆記本，這些年在日本也常常會聽到「終活」一詞，也就是「臨終活動」的簡稱，意思是已屆高齡的老人家，為了人生終結而做的各種準備。

終活或臨終筆記裡一定有一項叫「待辦清單」，並建議應該從每個人的「自我史」，也就是回顧自己一生的大小事開始，找出那些未完成的心願。也有人會用更正面的態度，把「待辦清單」改成「重新出發備忘錄」。

回顧一生當然從大架構開始，從出生、就學、結婚、搬家這些大環境的變化為主幹，再依序填入期間與人的相遇和結緣，當然也包括了自己曾經投入的興趣或是引起強烈情感的事件。一旦我們記起的過往經驗愈多，愈能從中找到許多當時想做卻沒做，後來就忘了的事。就像我在求學階段，每逢大考前日以繼夜苦讀教科書或參考書時，腦海常常會浮起許多念頭：「考完之後，一定要去做某件事！」但是往往一考完試，精神一鬆懈、一懶散，當初想做的事就全部忘光了。

要是我們有了這麼一個本子，每年固定在生日當晚翻閱，應該就可以陸續回想起更多小細節，可以把這個自我史的紀錄補充得更完整。

「自我史」其實在回答一個大哉問：「我是誰？」就像是自己撰寫的墓誌銘，從蓋棺論定的最後時刻回推到現在的我們可以做哪些選擇，以完成這份自我評價。當然，也可以每年直接針對「我是誰」這個問題寫下答案，也許會寫八個、十個甚至二、三十個不同的答案，這些答案都將引領我們找到真正的自己。

終活筆記本裡還有未來一年要完成的待辦清單，這份清單當然不見得必須是很偉大的事，也許只是小小的動作，比如寫張卡片給某個人、打通電話給某某某，但是這些輕而易舉甚至微不足道的事，往往就是那個讓自己不再覺得遺憾的關鍵。

每年寫下的待辦清單，就是自己的「優先清單」，可以協助我們看清楚今日的真實面貌，進而構思明日的可能樣貌，並且迫使我們檢視自我，逼問自己真正在乎的是什麼？這個問題直接問自己時並不容易回答，列出想做的清單往往比較容易。

哲學家詹姆斯（William James）曾說：「最善用人生的方式，就是將人生用在死後猶存的事物上。」這句話雖然說得有道理，但什麼是死後猶存，恐怕每個人的認知都不同。古人有言「立德、立言、立功」，有人想讓親人永遠懷念，有人更有雄心壯志，想留下塑像。法鼓山的聖嚴師父臨終前倒是特別交代弟子，不能為他立碑塑像，甚至連紀念文集也不行。

不論我們想用什麼方式紀念這一生，讓自己覺得這一生已經值得、再無遺憾大概都是最重要的，因此這樣一本將自己的想法寫成文字的筆記本就顯得更加重要了，要是沒有白紙黑字寫下來，很多想法會很模糊，連自己都不易掌握。

每年生日時前往醫院做身體檢查，某種程度也是逼自己「凝視死亡」這個必然來臨的時刻。我們或許無法像許多宗教大師一樣，每天靜坐觀想自己的死亡，但一年一次在生日那天提醒自己，重新看一下人生該做的事，重新擬定遺囑和待辦清單，我覺得就像是調準生命的焦距，讓我們可以用清楚的視線與正確的角度，面對這一場珍貴又獨特的生命之旅。

告別的姿勢

走過青壯年，懂得世事無常，和朋友告別時已不像年輕時那麼灑脫，多年前也寫過一篇文章，談到老朋友見一次是一次，次次要珍惜，次次要感恩。許多我們以為輕而易舉可以做到的事，往往成為難以彌補的遺憾。

我們總以為，昨天如此，今天如此，明天也一定會繼續如此。今天與朋友告別，以為不久一定可以再見到面，因為日子既然一天一天如此來，當然也應該這樣一天一天過去。昨天、今天、明天，應該沒有什麼不同。

然而，就那麼一次，在我們轉身的剎那，有些事情就全然不一樣了。時空長河中，人類實在太渺小，永恆與瞬間幾乎沒有差異。體會生命的無常，讓人更珍惜當下的每一時每一刻，每一個因緣聚合。

只不過這種感慨雖然常常浮現心頭，慚愧的是，我自己也不見得做得到。

前幾天輾轉聽到大學同學過世的消息，這才得知他隱瞞了自己的病情，若非最後幫他急救的學弟告知，恐怕沒有任何同學或朋友知道他的狀況。

後來又得知，大學同學在兩年前就被急救過，在鬼門關前撿回一命，也曾在那之後接到他的電話，邀約相聚，當時卻因為行程都已排定，找不出空檔，只在電話裡稍微聊了一下，沒想到再也沒機會碰面了。

這位大學同學二十多年前就放棄牙科臨床工作，遊走世界，或者讀書，或者做生意，或者在大學教書，永遠都是他突然出現在你面前、找你聊天，少有人知道他現在人在哪裡、從事什麼行業。

告別式時，我去看了他最後一眼，或許是因為沒有發訃聞，家人恐怕也沒有他朋友和同學的聯絡方式，只有少數幾個同學得知訊息。幾位出席告別式的同學都是這一、二年他找過、碰過面的，顯然他在兩年前得知來日不多時，試圖以自己的方式向世界告別。

這讓我不禁想，若有兩年的時間，我會用什麼方式對世界告別？若是只剩半年、只剩三個月呢，又該如何安排？

我想起偉大的古代帝王亞歷山大大帝，二十九歲就征服了歐、亞、非三大洲，擁有無數財富、土地與人民，卻在三十多歲因病而亡。臨死前，偉大的帝王想起了一些朋友，他們的平和、他們的喜悅，知道他們擁有某些超越死亡的東西，不禁哭泣：「我一無所有！」亞歷山大命令部下在棺木上挖兩個洞，他說：「我要讓人們看到，我空手而來，也空手而走，我整個一生都被自己給浪費掉了。我的手伸出棺木，好讓每個人都能看見——甚至連亞歷山大大帝也是空手而走的！」

是的，如果所有人最後都是空手離開，什麼都帶不走，那麼唯一重要的，或許就是我們留下了什麼？

我們辛苦地工作賺錢，無非是希望自己及孩子有更好的生活。若我們為了達成目標而不擇手段，是否得到完全相反的結果？為了錢殘害環境，禍延子孫，最後錢只能讓孩子上醫院治病？

到底我們離開世界後，留下的是汙染、垃圾，還是溫暖與美好的事物？

大作家紀德（André Paul Guillaume Gide）曾說：「我總是歪歪斜斜地坐在椅子上，好像隨時可以起身，可以離開。」訪客去拜訪波蘭知名猶太學者海飛茲（Jascha Heifetz）時，驚奇地發現大學者的家只是個擺滿書的簡單房間，唯一的家具是一張桌椅和另一張長椅，忍不住問：「先生，您的家具在那裡？」海飛茲說：「那麼您的家具呢？」訪客不解：「我的家具？我只是來這裡拜訪啊。」大學者回答：「我也是。」

真是一語驚醒夢中人！

「夫天地者，萬物之逆旅，光陰者，百代之過客。」不管是六十年，八十年，人究竟只是地球短暫的過客而已，走完一生後能留下來的，不是費盡心機積聚在身邊的財貨，唯一能擁有的，是我們付出去的，以及分享給全世界、仍在人間流轉的善意。

信仰安頓我們的生命

離開學校進入社會後，為了存活或追求成功，我們努力，費盡心機和腦力，看盡人情冷暖，這使我們只相信自己能夠掌握的事物或權力。無怪乎有人說，所謂中年，就是一個不信神也不信魔的階段。

充滿理性的我們，視那些求神問卜的人為愚夫愚婦，對那些虛幻的事物總覺得是神棍騙財騙色的說詞，可是，弘一大師李叔同的選擇總是令我困惑，他看到了什麼？

李叔同是個狂放瀟灑的才子，作詞譜曲，能演、能詩、能畫，是引領時代風潮的偶像，卻在創作、教學、生活過得非常順遂時，正處於生命顛峰的三十多歲全然放下，出家當和尚，而且皈依的是戒律最嚴、苦行僧似的佛教律宗。

如果說那些科學無法理解的事物是虛幻不實的，為什麼有那麼多擁有大智慧的人會在生命走到某一個時刻時，選擇全然託付？他們看見了什麼？

或許這是生命最後的課題，如同作家龍應台在父親過世後才驚覺：「有一個我們肉身觸不到、肉眼看不見的世界，可能存在著，不能輕忽。三、四個人開始談起自己的『親身碰觸』經驗，沙上有印，風中有音，光中有影，死亡至深處，不無魂魄之漂泊。」

你相信奇蹟嗎？

有位國文老師在教蘇東坡時對學生說，四川眉州是蘇東坡的出生地，傳說他誕生後眉州的草木都枯萎了，因為蘇東坡的才情太大，天地間的日月光華全匯聚在他身上。也因為蘇東坡吸進了山川草木的靈氣，等到他過世之後，眉山的草木才恢復了青綠色。「你們相信這個傳說嗎？相信的請舉手。」

驚愕之中，只有少數幾位同學舉手。

老師笑著說：「天真的孩子，你們真傻。」

老師再問：「不相信的請舉手。」

絕大部分的學生都舉手，表示這個傳說太荒唐了。

結果老師搖頭嘆息：「可憐的孩子，不相信的更傻。」

是的，不相信奇蹟的人更傻！

我相信奇蹟，「活著，能看，能走，一切都是奇蹟，我是用從一個奇蹟到另一個奇蹟的方式過生活。」這是天才鋼琴家魯賓斯坦（Artur Rubinstein）說的。

我相信每個愛的時刻，每個慈悲心的展現，就是奇蹟。曾經擔任法國總統多年的密特朗（François Mitterand）在過世前一刻問守候在床邊的老朋友皮耶神父：「神真的存在嗎？」

皮耶神父笑著回答：「傻孩子，你怎麼會問這麼愚蠢的問題？你想想過去把身上所有的錢都給了一個窮人之後的心情吧。就算做了如此愚笨的事，你的心情還是很愉快，這就是神存在的證據。」

科學、理性與靈性、信仰，彼此並不衝突。

近代最偉大的科學家愛因斯坦（Albert Einstein）說過：「人生有許多經驗，其中最美的莫過於對世界的神祕與奧妙的體認，這是藝術的根源，也是科學的起源。我們如果從來沒有懷抱著好奇心，並且以敬畏心情來沉思這些奇蹟的話，就是虛度此生。有許多東西是沒有辦法理解的，卻真的存在，感受這些無法探究的智慧與真理，就是宗教情操的核心。」

人人都需要信仰，不見得必須透過特定的教派，宗教只是保存信仰的人為機構。人活著就必須面對兩個問題：「生命是怎麼回事？」「從哪裡來，到哪裡去？」以及另一個終極問題——「我的生命是怎麼回事？我活著有什麼價值？」

要能安心且積極地過日子，我們必須相信生命是有某種意義的，而這種意義就是我們信仰之所在。意義的尋求可以透過各種形式，許許多多不同的宗教或教派只是各種讓人得以進入的方便法門而已。

著名的歷史學家湯恩比（Arnold Joseph Toynbee）說過一句很有趣的話：「宿命帶來希望。」或許我們相信在這個一切都會變化的宇宙萬物之外，最終存在著一個更崇高、超越一切生命、始終不變的基礎是一切的來源、一切的歸宿，而這種相信讓我們安心，也讓我們充滿希望，能夠面對現實人生的困頓。

許多年前，法鼓山的聖嚴法師在美國弘法時，在電視訪談中與曾於聯合國任職的作家劉大任對談，劉大任代表無神論者侃侃而談。中場休息時，聖嚴法師側身對他說：「劉先生您說得很精闢、很有道理，但是若世界上沒有更高的信仰存在，那廣大的民眾該怎麼辦？」當下，劉大任一驚，體會到聖嚴法師念茲在茲的是芸芸眾生，而他只是想逞口舌之快。

的確，對於許多窮困或受壓迫的人而言，信仰是生命的安慰，但是對於生活尚稱自在富裕的一般人來說，信仰往往是一種機緣。像弘一大師那種有極高智慧的人來說，可能則有兩種極端，一種是因為智力高，可以在現實社會活得愉快，所以不需要信仰；另一種是因為智慧高，知道自己的智慧是有限的，才去追求超越人類理解的另一個世界。

我認為不管境遇順遂或困苦，智慧高或低，面對死亡時的恐懼都是人之常情，唯有相信自己的生命即將融入更大的生命，把自己看成隸屬於一個更大的整體，才能平靜喜悅地迎接死亡的來臨。

我們常說人生是一趟旅程，任何旅行最終總是會回家，死亡，就是我們結束這趟生命之旅的回家。就像我們把死亡說成往生，是前往另一趟生命的開始。信仰，可以讓我們擁有如此信念，才能在這個世界找到安身立命的篤定。

VIEW 079

李偉文的退休進行式 2：50+的自在活，健康老

作　者—李偉文
主　編—邱憶伶
責任編輯—陳詠瑜
責任企畫—陳毓雯
封面設計—葉馥儀
內頁設計—張靜怡

編輯總監—蘇清霖
董事長—趙政岷
出版者—時報文化出版企業股份有限公司
一〇八〇一九台北市和平西路三段二四〇號三樓
發行專線—（〇二）二三〇六—六八四二
讀者服務專線—〇八〇〇—二三一—七〇五
（〇二）二三〇四—七一〇三
讀者服務傳真—（〇二）二三〇四—六八五八
郵撥—一九三四四七二四時報文化出版公司
信箱—一〇八九九台北華江橋郵局第九九號信箱

時報悅讀網—http://www.readingtimes.com.tw
時報出版愛讀者—http://www.facebook.com/readingtimes.fans
法律顧問—理律法律事務所　陳長文律師、李念祖律師
印　刷—盈昌印刷有限公司
初版一刷—二〇二〇年四月十七日
定　價—新台幣三二〇元

時報文化出版公司成立於一九七五年，
一九九九年股票上櫃公開發行，二〇〇八年脫離中時集團非屬旺中，
以「尊重智慧與創意的文化事業」為信念。

李偉文的退休進行式 2 / 李偉文著 . -- 初版 . --
台北市 : 時報文化 , 2020.04
240 面 ; 14.8×21 公分 . --（VIEW ; 079）

ISBN 978-957-13-8144-2（平裝）

1. 退休　2. 生涯規劃　3. 生活指導

544.83　　109003093

ISBN 978-957-13-8144-2
Printed in Taiwan